WÜRZBURG erleben

Stadtführer

Fotos: Elmar Hahn
Texte: Dr. Josef Kern
Konzeption: Klaus Schinagl

mit 96 farbigen Abbildungen,
Stadtplan und ausführlichem Stichwortverzeichnis

elmar hahn verlag

ISBN 3-928645-02-1

Geleitwort

Seit alters ist Würzburg das Herz Mainfrankens. Seine Schönheit rühmte schon vor über 1300 Jahren der heilige Kilian. Dieses Lob haben seither unzählige Dichter und Reisende immer wieder erneuert.

Was Jahrhunderte erbaut und gestaltet hatten, wurde durch die Bombennacht des 16. März 1945 in nicht einmal 20 Minuten ausgelöscht. Ein Kleinod der abendländischen Kultur war vernichtet – für immer, wie viele glaubten. Aber die Menschen kamen zurück und bauten ihre Stadt neu auf. Auch wenn sich vieles gewandelt hat, Würzburg erhielt seine alte Schönheit und Anziehungskraft wieder.

Einen guten Überblick bietet dieser kleine Stadtführer. Er zeigt Würzburg als eine Stadt reicher Geschichte, bedeutender Kunstwerke, großer Namen und, nicht zuletzt, fränkischer Gastlichkeit. Lassen Sie sich einladen zu Rundgängen, zum Schauen und Betrachten, zum Erleben unserer Stadt – dieser Führer kann Ihnen dabei ein hilfreicher und informativer Begleiter sein.

Jürgen Weber
Oberbürgermeister

Inhalt

Historische Daten

~ 1000 v. Chr.	Keltische Fliehburg auf dem heutigen Marien- oder Festungsberg
~ 100 v. Chr.	Franken stoßen ins Maingebiet vor
~ 650	Fränkischer Herzogssitz
689	Märtyrertod des irischen Mönches Kilian und seiner Gefährten Kolonat und Totnan
704	1. urkundliche Erwähnung der Stadt als »Castellum Virteburch«
706	Weihe der Rundkirche auf der Festung
742	Der hl. Bonifatius gründet das Bistum Würzburg. Bestätigung durch Papst Zacharias. 1. Bischof wird der hl. Burkard
788	1. Dombau, der in Gegenwart Kaiser Karls des Großen geweiht wird
855	Neubau des Salvator-Domes
~ 900	1. Stadtbefestigung
1030	Kaiser Konrad verleiht Bischof Mainhard Zoll-, Münz- und Marktrecht
1034 – 1045	Der hl. Bischof Bruno beginnt mit dem Bau eines neuen Domes
1042	Weihe der Burkarduskirche im Mainviertel
1133	1. steinerne Mainbrücke
1146	Besuch des hl. Bernhard von Clairvaux
1156	Kaiser Friedrich Barbarossa heiratet Beatrix von Burgund in Würzburg
1168	Auf dem Würzburger Reichstag bestätigt Kaiser Barbarossa die Herzogswürde des Bischofs
1188	Weihe des Domes
1190	Bischof Spitzenberg stirbt während des 3. Kreuzzuges
1201	Gründung der Festung
1202	Bischof Konrad von Querfurt wird in der Nähe des Domes ermordet
~ 1230	Walther von der Vogelweide stirbt in Würzburg
1253	Bischof Lobdeburg verlegt seinen Sitz auf die Festung
1256	Gewählter Stadtrat und Bürgermeister
1287	Deutsches Nationalkonzil im Dom
1316	Der »Grafeneckart« wird Rathaus
1319	Stiftung des Bürgerspitales zum Hl. Geist
1348	Judenpogrom
1377	Grundsteinlegung der Marienkapelle
1397	König Wenzel in Würzburg
1400	In der Schlacht bei Bergtheim erleidet die Bürgerschaft eine verheerende Niederlage gegen das bischöfliche Heer
1401	Gründung einer ersten Universität durch Bischof Egloffstein
1481	Erster Buchdruck in Würzburg
1483	Tilman Riemenschneider kommt nach Würzburg
1493	Adam und Eva von Tilman Riemenschneider werden an der Marienkapelle aufgestellt
1518	Martin Luther zu Gast im Augustinerkloster
1521	Tilman Riemenschneider wird Bürgermeister
1525	Bauernkrieg. Die Aufständischen, unter ihnen Götz von Berlichingen, unterliegen. Riemenschneider wird eingekerkert
1531	Tod Tilman Riemenschneiders
1576	Gründung des Juliusspitals
1582	Neugründung der Universität
1600	Ausbau der Festung

1631 König Gustav Adolf von Schweden erobert Würzburg. Schwedische Besetzung bis 1634

1649 Neubefestigung der Festung und der Stadt mit Bastionen

1659 Berufung des italienischen Baumeisters Antonio Petrini

1701 – 1705 Pietro Magnos Stuck im Dom

1711 Barockisierung des Neumünsters durch Greising. Balthasar Neumann zieht nach Würzburg

1712 Kaiser Karl VI. in Würzburg

1719 Johann Philipp Franz von Schönborn wird Fürstbischof

1720 Grundsteinlegung der Residenz

1745 Fertigstellung der Residenz. Besuch der Österreichischen Kaiserin Maria Theresia

1749 Balthasar Neumann baut das Käppele

1751 – 1753 Giovanni Battista Tiepolo malt die Residenz aus

1753 Tod Balthasar Neumanns

1796 Überfall der französischen Revolutionsarmee. Erzherzog Karl siegt bei Würzburg

1800 Französische Truppen besetzen die Festung

1802 Rücktritt des letzten Fürstbischofs. Würzburg wird im Verlauf der Säkularisation bayerisch

1804 Gründung des Theaters

1806 Würzburg fällt an den Großherzog von Toskana. Napoleon in Würzburg

1814 Würzburg wird endgültig Bayern zugeschlagen

1816 – 1825 Kronprinz Ludwig, der spätere König Ludwig I., residiert in Würzburg

1822 Gründung der Städtischen Sparkasse

1831 Gründung des Historischen Vereins von Mainfranken

1833 Richard Wagner arbeitet am Theater

1841 Erste Dampfschiffe auf dem Main. Gründung des Kunstvereins

1845 1. Deutsches Sängerfest

1854 Anschluß an das Eisenbahnnetz

1856 Aufhebung der Festungseigenschaft der Stadt

1866 Im Bayerisch-Preußischen Krieg wird die Festung in Brand geschossen

1871 Große Teile der Stadtbefestigung fallen. Anlage des Ringparks

1895 Entdeckung der Röntgenstrahlen

1922 1. Mozartfest

1934 Würzburg wird Großstadt

1945 Zerstörung durch Bombenangriffe

1954 Erster moderner Kirchenbau (St. Alfons)

1962 Erste Städtepartnerschaften mit Caen (Normandie) und Dundee (Schottland), 1964 Rochester (USA), 1979 Otsu (Japan), 1980 Salamanca (Spanien), 1988 Suhl (Thüringen)

1962 Entscheidung zum Bau der Universität auf dem Hubland, 1965 Baubeginn

1965 Anschluß an das Autobahnnetz

1967/68 Bau einer neuen Synagoge

1973 Würzburg erhält den »Europapreis« und wird »Europastadt«

1974 – 1978 Durch Eingemeindungen erhält die Stadt die heutige Größe und Gestalt

1985 Eröffnung des Congress-Centrums

1987 Fertigstellung des Ratssaals im Würzburger Rathaus mit den Wandgemälden über Würzburgs Stadtgeschichte

1991 Anschluß an das ICE-Netz

1995 Eröffnung des Siebold-Museums

1996 Große Tiepolo-Ausstellung zum 300. Geburtstag

Stadtansicht aus der Schedelschen Weltchronik von 1493

Würzburg im Spiegel der Geschichte

Eine unverwechselbare Stadt im Herzen Deutschlands – Kaiser, Könige und Fürstbischöfe bestimmten die Politik – Riemenschneider, Neumann und Tiepolo hinterließen Kunstwerke von Weltruf

Die Entwicklung einer Stadt wie Würzburg wird von den verschiedensten Faktoren beeinflußt: Lage, Klima, Waldreichtum und Bodenbeschaffenheit, Handel und Industrie bestimmen das Zusammenleben des Menschen genauso wie die sozialen Aspekte seiner Umwelt. Verwaltung und Gerichtsbarkeit regeln seine Gemeinschaft. Diese Zusammenhänge bilden den Nährboden für Kunst und Kultur, für Architektur, Plastik und Malerei, die dieser handliche Begleiter in Wort und Bild vorstellt.

Würzburgs Flair

Doch die Stadt hat mehr als ihre aufgeführten Vorzüge, aus deren Summe eine Metropole entsteht. Würzburg hat seinen eigenen, unverwechselbaren Charakter, sein besonderes Flair. Es ist eine lebendige, lebensfrohe Stadt, in der die Tradition auf Schritt und Tritt spürbar wird – kein Museum, sondern eine City, in der man sich seiner Geschichte bewußt ist, sie aber mit der Gegenwart zu verbinden weiß. Das mag auf andere Städte ebenso zutreffen. Man wird jedoch schwerlich einen Ort finden, der eine vergleichbare

Vielfalt an Sehenswürdigkeiten vorzuweisen hat. Die Würzburger Residenz mit den Fresken GIOVANNI BATTISTA TIEPOLOS, die Bauten BALTHASAR NEUMANNS und die Werke des Bildhauers TILMAN RIEMENSCHNEIDER sind herausragende Kunstwerke. Daneben besticht die Fülle wertvoller Kirchen, Klöster und Stifte, profaner Bauten, Denkmäler und Brunnen. Und nicht zuletzt prägt der Frankenwein, dessen Rebhügel die Stadt einschließen, den Charakter der hier lebenden Menschen. Früher reichten zahlreiche Rebflächen bis an die Mauern der Stadt heran. Noch heute sind die besten Lagen – Stein, Schloßberg und Leiste – aus dem Stadtbild nicht wegzudenken.

Hofkeller, Julius- und Bürgerspital, der »Stachel« und andere Weinstuben erfüllen Würzburgs Stadtbild ebenso wie ungezählte Hausfiguren und Kirchtürme, die darauf hinweisen, daß Stadt und Land zwischen 1168 und 1802 von Fürstbischöfen regiert wurden.

Ein Blick ins Geschichtsbuch

Würzburg blickt auf eine recht wechselhafte Geschichte zurück. Es war mehrfach in militärische Auseinandersetzungen verwikkelt, wurde im Dreißigjährigen Krieg durch GUSTAV ADOLF VON SCHWEDEN erobert, später von französischen Truppen besetzt und in den Krieg zwischen Bayern und Preußen 1866 einbezogen. Am 16. März 1945 schließlich, bei einem Großangriff der Royal Airforce, versank das alte Würzburg in Schutt und Asche.

Frühe Besiedlung

Über die Frühzeit Würzburgs, das als »Castellum Virteburch« erstmals 704 in einer Urkunde erscheint, wissen wir wenig. Bereits für die Zeit um 1000 v. Chr. nimmt man eine keltische Fliehburg auf dem Marienberg an. Die Franken, die dem Land seinen Namen gaben, verdrängten nach ihren Siegen über die Alemannen und Thüringer (496 und 531 n. Chr.) nach und nach die hier ansässigen Stämme. Um 650 ist Würzburg Sitz eines fränkischen Herzogs. 686 kam der irische Wanderbischof KILIAN, um die christliche Lehre zu verbreiten. Drei Jahre später wurde er ermordet. Dennoch setzte sich der neue Glaube durch. 742 wird das Bistum Würzburg gegründet; sein erster Bischof ist der hl. BURKARD.

Berühmte Gäste

Für die politische Bedeutung der Stadt spricht, daß hier immer wieder deutsche Kaiser weilten: KARL DER GROSSE nahm an der Weihe des ersten Domes, HEINRICH III. an der der Burkarduskirche teil. FRIEDRICH BARBAROSSA, der auf dem Würzburger Reichstag 1168 die Herzogswürde des ansässigen Bischofs bestätigte, heiratete hier 1156 BEATRIX VON BURGUND. Genau 650 Jahre später kam ein anderer Kaiser, NAPOLEON BONAPARTE, der die Residenz als den »schönsten Pfarrhof Europas« bezeichnete. Andere berühmte Gäste waren der hl. BERNHARD V. CLAIRVAUX, der hl. ALBERTUS MAGNUS, MARTIN LUTHER und der Dichter HEINRICH VON KLEIST. Der Opernkomponist RICHARD WAGNER verdiente sich 1832/33 als Chorrepetitor am Würzburger Theater ein bescheidenes Gehalt. In seiner Wohnung in der Kapuzinerstr. 7, (nahe der Residenz), die eine Gedenktafel ziert, entstand sein Frühwerk »Die Feen«. 1927 schließlich schuf der »Brücke-Maler« ERICH HECKEL einige bedeutende Ansichten der Stadt.

Vom Mittelalter in die Gegenwart

1188 wurde der Dom geweiht. Um 1230 starb hier der Minnesänger WALTHER VON DER VOGELWEIDE. Im Kreuzgang des Neumünsters fand er seine letzte Ruhestätte. Würzburg hatte damals etwa 5000 Einwohner, deren Interessen ab 1256 von einem gewählten Rat und Bürgermeister vertreten wurden. 1397 versprach KÖNIG WENZEL die Reichsfreiheit – ein Wunsch der Würzburger, der sich aber nicht erfüllte.

Große Künstler im Dienst der Fürstbischöfe

1483 kam der bedeutendste deutsche Bildhauer der Spätgotik, TILMAN RIEMENSCHNEIDER, in die Stadt. Aus seiner Werkstatt stammen nicht nur Plastiken für Würzburger Kirchen, sondern auch die großartigen Altäre in Münnerstadt, Rothenburg und Creglingen.

Unter Würzburgs Fürstbischöfen ragen besonders JULIUS ECHTER VON MESPELBRUNN und die Mitglieder der Familie Schönborn hervor. Echter (1573 – 1617), ein kompromißloser Gegner der Reformation, hat sich durch die Gründung der Würzburger Universität und des nach ihm benannten Julius-Spitals bleibende Denkmäler gesetzt. JOHANN PHILIPP VON SCHÖNBORN (1642 – 1673), seit 1647 auch Kurfürst von Mainz, legte einen Ring barocker Bastionen um Stadt und Festung. Bauherren der Residenz waren JOHANN PHILIPP FRANZ (1719 – 1724) und FRIEDRICH CARL VON SCHÖNBORN (1729 – 1746). Sie waren es, die dem 1711 als Geschützgießergesellen nach Würzburg ge-

Ansicht von Norden auf Würzburg von Matthäus Merian d. Ä., 1633

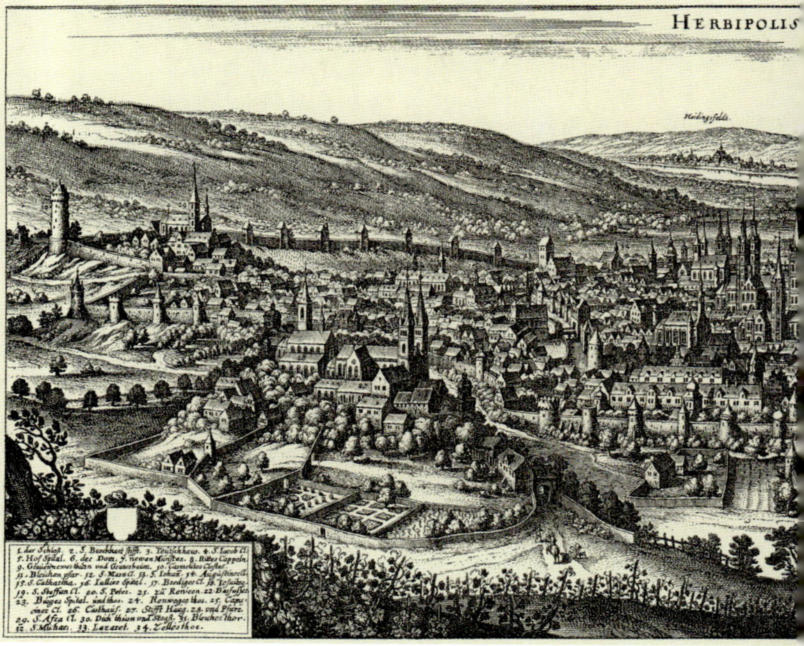

kommenen Balthasar Neumann, nachdem dieser sich als hervorragender Baumeister erwies, die Planung dieses einmaligen Bauwerkes anvertrauten. Carl Philipp von Greiffenclau (1749 – 1754) berief den besten Freskanten seiner Zeit, den Venezianer Tiepolo, um Treppenhaus und Kaisersaal ausmalen zu lassen. Adam Friedrich von Seinsheim ließ die Hofgärten von Residenz und dem fürstbischöflichen Schloß in Veitshöchheim mit den Rokokofiguren von Peter Wagner und Ferdinand Tietz anlegen.

Stadt der Wissenschaften

Den Ruhm Würzburgs als Stadt der Wissenschaften festigten der Naturwissenschaftler, Arzt und Japanforscher Philipp Franz von Siebold, der Mediziner Rudolf von Virchow sowie Wilhelm Conrad Röntgen, der 1896 hier die nach ihm benannten Strahlen entdeckte. 1901 erhielt er dafür den Nobelpreis, eine Auszeichnung, die auch einer Reihe anderer in Würzburg ausgebildeter oder zeitweise lehrender Wissenschaftler zuteil wurde. An Universität und Fachhochschule sind heute über 20.000 Studierende eingeschrieben.

Die Gegenwart

Würzburg, das mittlerweile nahezu 130.000 Einwohner zählt, ist jedoch mehr als nur Schulstadt oder Mittelpunkt eines an Geschichte reichen Bistums. Die Mainfrankenmetropole gilt als leistungsfähiges Handels-, Dienstleistungs- und Verwaltungszentrum. Kunst und Kultur dürfen daher in eine gesicherte Zukunft blicken.

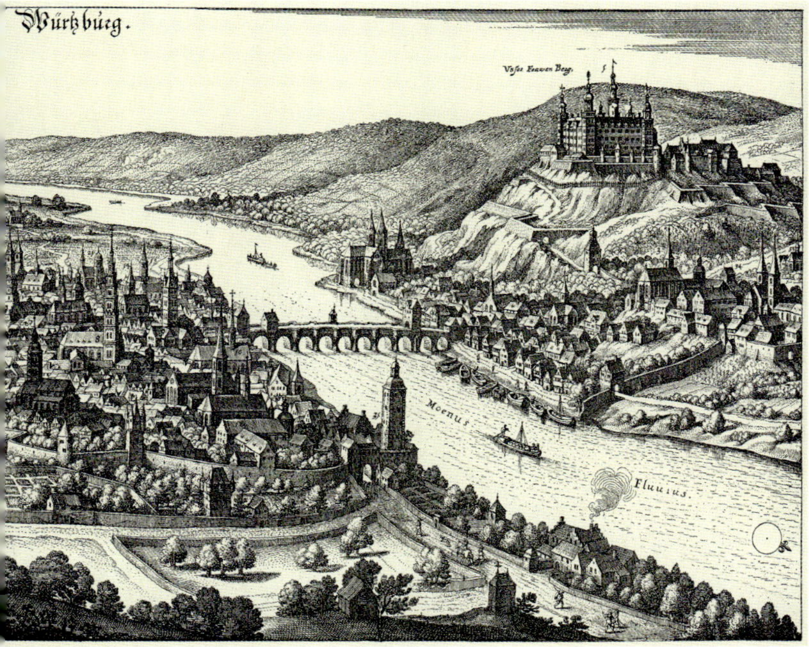

Die Festung Marienberg

Beherrschendes Wahrzeichen Würzburgs ist die mächtige Festung auf dem Marienberg – Ausgrabungen belegen dort bereits in der Hallstadtzeit (um 1000 v. Chr.) eine Fliehburg der Kelten – Im Jahr 706 soll eine erste Marienkirche errichtet worden sein, die eine alte germanische Kultstätte ablöste – Von 1201 bis zum Umzug in die Residenz war die Festung Sitz Würzburger Fürstbischöfe

Ursprung

Der Ursprung der im Lauf der Jahrhunderte immer wieder erweiterten, umgebauten, durch Kriege und Brände häufig zerstörten Festung (1) fällt in das Jahr 1201. Auseinandersetzungen zwischen Königtum und Kirche bewegten Bischof KONRAD VON QUERFURT, den strategisch günstig gelegenen Berg mit einer trutzigen Burg zu befestigen. Er ließ Gräben ziehen und den mächtigen Bergfried errichten.

Die Geschichte des Festungsberges reicht aber weiter zurück. Bei Ausgrabungen fand man Relikte aus der Zeit um 1000 v. Chr., aus denen geschlossen wird, daß sich hier einst der von einem Wall geschützte Sitz eines keltischen Herrschers befand.

Unter HERMANN VON LOBDEBURG (1225–1254) erfolgte der planmäßige Ausbau der Festung zum dauernden Sitz der Fürstbischöfe Würzburgs, bis sie 1720 von der Residenz abgelöst wurde. In die erste Hälfte des 13. Jahrhunderts fällt die Errichtung eines Palas, von dem sich wenige Reste im Fürstenbau erhalten haben. 1308 wurde der südliche Eckturm, der »RANDERSACKERER TURM«

Der turmbewehrte Mauerring des späten Mittelalters machte die Festung lange Zeit uneinnehmbar

Die romanische Rundkirche im innersten Burghof. Links das zierliche Brunnenhaus der Renaissance

hochgezogen, in dessen Kellerverlies später RIEMENSCHNEIDER gefangengehalten wurde.

Ein neuer, mit Rundtürmen besetzter Mauerring entstand während der Regierungszeit des Bischofs OTTO VON WOLFSKEEL (1333 – 1345).

Das Innere der Marienkirche mit dem spätgotischen Chor und barocken Altären

Die Idee, die Festung mit einem Ring von Bastionen zu umgeben, geht auf den Schwedenkönig GUSTAV ADOLF zurück. Fürstbischof JOHANN PHILIPP VON SCHÖNBORN griff diesen Gedanken auf und ließ ab 1649 – ein Jahr nach Ende des Dreißigjährigen Krieges – einen geschlossenen Kranz hochaufragender Bastionen errichten. Seinen Höhe- und Schlußpunkt fand dieses Werk in dem unter BALTHASAR NEUMANN ab 1725 erbauten MASCHIKULITURM zwischen den Felsen des Leistengrundes. Der seltsame Name geht auf senkrecht nach unten gerichtete Schießscharten – »Machicolis« genannt – zurück.

Besichtigung

Wer den steilen Fußweg aus dem Mainviertel hinauf zur Festung nicht scheut, gelangt durch das um 1650 geschaffene NEUTOR in den Burgbereich. Nähert man sich der Festung hingegen von Westen, muß man zunächst das äußere und innere HÖCHBERGER TOR passieren. Die gebogene Durchfahrt des SCHÖNBORNTORES hinderte Feinde daran, durch die Befestigungsanlage hindurchzuschießen. Tritt man aus diesem Torbogen, so fällt der Blick zunächst auf den KOMMANDANTENBAU, an den das riesige barocke ZEUGHAUS (1702 – 1712) anschließt. In diesen Gebäuden sowie in der benachbarten ECHTER-BASTEI befindet sich seit 1947 das »MAINFRÄNKISCHE MUSEUM« (vgl. S. 20 ff.).

Der zweite Hof

Zwei langgestreckte Wirtschaftsgebäude bilden mit der Echter-Bastion eine schlichte dreiflügelige Anlage. In der Mitte des Hofes befindet sich die von einer Balustrade umgebene PFERDESCHWEMME. Hier eröffnet sich der Blick auf das einst nur über eine Zugbrücke erreichbare SCHERENBERGTOR und auf den unter Bischof OTTO VON WOLFSKEEL (reg. 1333 – 1345) entstandenen turmbewehrten Mauer-

Das imposante Scherenbergtor führt in den innersten Hof der Festung

ring. Links vom Scherenbergtor erhebt sich der KILIANS- oder MICHAELSTURM.

Der innerste Burghof

Der nach Süden gerichtete HOFSTUBENBAU entstammt dem 19. Jahrhundert. Wie sein 1477 unter Scherenberg entstandener Vorgänger dient er dem leiblichen Wohl der Burgbesucher. Der gegenüberliegende Kammerflügel, auch Schottenflanke genannt, beherbergt Bestände des Staatsarchives.

Marienkirche

Die MARIENKIRCHE neben dem 30 m hohen BERGFRIED geht ursprünglich auf das frühe 8. Jahrhundert zurück. Angeblich wurde sie 706 gestiftet. Herzog HETAN soll sie an der Stelle gebaut haben, an der sein Vater getauft worden ist. Älteste Bauteile zeigen romanische Formen. Im Lauf der Jahrhunderte erfuhr die Rotunde eine Reihe von Veränderungen: Julius Echter ließ größere Fenster einbrechen, die Balustrade bauen und ein neues Dach aufsetzen. Damals entstand auch der Chor über einer dreischiffigen Krypta.

Das Portal von MICHAEL KERN schmücken Petrus und Paulus, darüber Maria zwischen dem Frankenapostel Kilian und St. Burkard, dem erste Würzburger Bischof.

Brunnenhaus

Wenige Schritte von der Kirche steht der zierlichste Bau der Renaissance in Mainfranken, das mit seinen Säulen wie ein kleiner Tempel wirkende BRUNNENHAUS. Es wurde über dem älteren, 104 m tiefen Schacht errichtet, der die Wasserversorgung der Festung sicherstellen sollte.

Die Festung von Westen. Rechts am Hang der Maschikuliturm

Die Festung aus der Vogelperspektive. Links im Vordergrund der Fürstengarten

Fürstenbau und Fürstengarten

Über ein Treppenhaus im Hofstubenbau gelangt man in das erste Obergeschoß des zur Stadt blickenden FÜRSTENBAUS. Zwei verheerende Brände waren Anlaß für umfassende Neubaumaßnahmen unter Julius Echter. Von der älteren Architektur haben sich nur wenige steinerne Zeugnisse erhalten, so die filigrane BIBRATREPPE von 1511 mit dem wappengeschmückten Gewölbeschlußstein.

Im ersten Obergeschoß vermittelt das FÜRSTENBAUMUSEUM einen Einblick in die Wohnkultur der Fürstbischöfe. Sehenswert sind antike Möbelstücke, die Ausmalung des Randersackerer Turmes (in dem Würzburger Münzen und Medaillen präsentiert werden), wertvolle liturgische Geräte sowie eine Sammlung barocker Meßgewänder. Das darüber liegende Stockwerk beherbergt die STADTGESCHICHTLICHE ABTEILUNG des Mainfränkischen Museums (vgl. S. 23).

Der FÜRSTENGARTEN, eine Anlage aus der Zeit um 1650 mit Blumenparterre, Wasserspielen und zwei doppellaufigen Treppen, wird von zwei achteckigen Pavillons geschmückt. Er gewährt einen herrlichen Blick hinab auf die Stadt und das Maintal.

Das Mainfränkische Museum

Die bedeutendste Sammlung von Werken Tilman Riemenschneiders – Zeugnisse einer reichen künstlerischen Vergangenheit – Denkmäler fränkischer Weinkultur

Teile der Festung Marienberg sind seit 1947 Sitz der 1913 gegründeten größten kulturhistorischen Sammlung der Region. Vor allem wegen seiner einzigartigen Bestände an Bildwerken RIEMENSCHNEIDERS hat das MAINFRÄNKISCHE MUSEUM weltweit Berühmtheit erlangt (Öffnungszeiten S. 88).

Der Kultwagen von Acholshausen (um 1000 v. Chr.)

Ein Füllhorn der Musen

Das Museum bietet einen Überblick über die Bildhauerei von der Romanik bis zum Rokoko, eine Gemäldegalerie, Möbelkunst, Glas, Fayence und Porzellan, Zeugnisse des adeligen, bürgerlichen und bäuerlichen Lebens. Aus diesem weitgefächerten Angebot kann der Besucher ganz nach seinem persönlichen Interesse auswählen – für die Höhepunkte der Sammlung sollte er jedoch etwas Zeit mitbringen.

Der Acholshäuser Kultwagen

Herausragendes Stück der Vor- und Frühgeschichte ist der um das Jahr 1000 v. Chr. entstandene spätbronzezeitliche KULTWAGEN, der in einem Steinkammergrab im Ochsenfurter Gau gefunden wurde. Die Forschung geht davon aus, daß dieser Wagen in Zusammenhang mit einem Sonnenkult steht.

Die Gemäldegalerie

Unter den vielen Bildern, die das Museum besitzt – u. a. von LUCAS CRANACH, CORNELIS DE VOS oder MARGARETHE GEIGER – ragen zwei Arbeiten des TIEPOLO hervor: Die »Berufung des Cincinnatus« (um 1728/30) und der 1750/51 gemalte Entwurf für das Deckenfresko des Kaisersaals der Würzburger Residenz.

Tilman Riemenschneider

Absoluter Höhepunkt des Museums ist der Saal mit den Werken TILMAN RIEMENSCHNEIDERS, des Hauptmeisters und Vollenders der spätgotischen Plastik in Deutschland.

In der Echterbastei werden Grabmäler der Gotik und der Renaissance gezeigt

Tilman Riemenschneiders Adam und Eva entstanden 1491/93 im Auftrag des Würzburger Rates

Der um 1460 geborene Künstler kam nach Lehr- und Wanderjahren in Schwaben und am Oberrhein 1483 nach Würzburg. Zwei Jahre später verlieh man ihm Meisterwürde und Bürgerrecht. Seine Werkstatt, in der bis zu 18 Gesellen beschäftigt waren, lieferte Altäre und Figuren für das ganze Frankenland. Am bekanntesten sind das Kaisergrab im Bamberger Dom und die Schnitzwerke für Rothenburg, Creglingen und Münnerstadt.

Adam und Eva

Am Beginn der Karriere des jungen Meisters stand der Auftrag, für das Südportal der Marienkapelle Figuren des ersten Menschenpaares zu schaffen. 1493 konnten die beiden durch ihre

Der Grabstein des berühmten Bildhauers stammt vermutlich von der Hand Jörg Riemenschneiders, eines Sohnes des 1531 verstorbenen Künstlers

Anmut und Grazie ausgezeichneten Figuren aufgestellt werden.

Adam und Eva überzeugte die Auftraggeber so sehr von der Leistungskraft des Meisters, daß man bei ihm im Anschluß die Figuren an den Strebepfeilern der Marienkapelle – Christus und die zwölf Apostel – bestellte. Ihre Originale können nun größtenteils ebenfalls im Riemenschneidersaal bewundert werden.

Die unverwechselbare künstlerische und handwerkliche Meisterschaft Riemenschneiders offenbart sich im Detail ebenso wie in der gesamten Auffassung. Die grandiose Wirkung seiner Werke beruht auf der stark verinnerlichten, zurückhaltenden Mimik und Gestik.

Der Politiker Riemenschneider

Fast alles, was Riemenschneider schuf, diente kirchlichen Zwekken. In der ECHTERBASTION treffen wir auf eine seiner wenigen profanen Arbeiten, auf den 1506 entstandenen Ratstisch. Er ist ein Hinweis auf das politische Engagement des Künstlers, den man zum Ratsherrn und sogar zum Bürgermeister gewählt hat. 1525, während des Bauernkrieges, stand er auf der Seite der Aufständischen, wofür er mit Haft und Folter schwer bestraft wurde. Danach versiegte seine Schaffenskraft.

Die Figuren des Veitshöchheimer Hofgartens

Im GARTENSAAL des Museums stehen Originale der Figuren, die der

Um 1515 schuf Riemenschneider die farbig gefaßte »Acholshäuser Madonna«, ein Meisterwerk der spätgotischen Plastik

In der Kelterhalle des Mainfränkischen Museums wird die Geschichte des Weinbaus dokumentiert

Bildhauer FERDINAND TIETZ (1708 – 1777) für die Ausschmückung des Veitshöchheimer Hofgartens schuf. Ganz vom heiteren Lebensgefühl des Rokoko getragen, erscheinen die beschwingten Gestalten eines Musikers und einer Tänzerin. Die blumengeschmückte Göttin Flora tritt mit ihrer Begleiterin als Allegorie des Frühlings auf.

Fränkische Weinkultur

Riesige Keltern, Zunftpokale, schlichte und prunkvolle Gläser sowie uralte Exemplare des Bocksbeutels – der für Franken typischen Flaschenform – werden in der KELTERHALLE ausgestellt.

Aus der Geschichte Würzburgs

Einen Überblick über die historische Entwicklung Würzburgs liefert die STADTGESCHICHTLICHE ABTEILUNG im Fürstenbau. Zwei Stadtmodelle zeigen, wie Würzburg 1525 und nach der Zerstörung 1945 ausgesehen hat. Im Marienturm hängt das nahezu 5 m hohe KILIANSBANNER, das im Jahr 1266 das Würzburger Heer im siegreichen Kampf gegen die Henneberger begleitete (Öffnungszeiten S. 88).

Kiliansbanner von 1266

Die Fürstbischöfliche Residenz

Großartigster Schloßbau des Barocks in Deutschland – Gesamtkunstwerk von Weltrang – Ein prachtvolles Denkmal absolutistischer Machtdemonstration – Drei Fürstbischöfe aus dem Hause Schönborn als Bauherren – Hauptwerk des Architekten Balthasar Neumann – Höhepunkt der barocken Malerei: Tiepolos Fresken in Treppenhaus und Kaisersaal

Die Geschichte der Residenz

Als am 22. Mai 1720 der Grundstein für die Würzburger Residenz ② gelegt wurde, war kaum abzusehen, daß die Vollendung dieses gewaltigen Unternehmens einige Jahrzehnte in Anspruch nehmen sollte.

Schon die Verwirklichung der Idee, die Hofhaltung aus der als veraltet empfundenen Festung in ein repräsentatives Stadtschloß zu verlegen, dauerte fast 40 Jahre, denn bereits 1683 hatte das Domkapitel der Verlegung zugestimmt. Um 1700 entstand ein kleines Schlößchen am Rennweg, dem allerdings keine Dauer beschieden war.

1719 schließlich bestieg JOHANN PHILIPP FRANZ VON SCHÖNBORN den Stuhl des hl. Burkard. Er war Sproß einer mächtigen, kunstsinnigen und vor allem baufreudigen Familie, aus der ein gutes Dutzend Bischöfe hervorging. Unmittelbar nach der Wahl begannen die Planungen. Die Finanzierung wurde durch einen glücklichen Umstand begünstigt: die Beschlagnahme des Vermögens eines ungetreuen

Links: Im Juni lockt Mozarts »Kleine Nachtmusik« über 10.000 Musikfreunde in den Hofgarten. Unten: Hofgarten und Südflügel der Residenz. Man erkennt im Vordergrund Peter Wagners »Raub der Persephone«

Hofkammerdirektors ließ über eine halbe Million Gulden in die Staatskasse fließen. Der Onkel des Bauherrn, Kurfürst von Mainz und Fürstbischof von Bamberg, merkte dazu humorvoll an, man sollte eigentlich diesem Beamten ein Denkmal vor dem Schlosse setzen.

Balthasar Neumann – ein genialer Architekt des Barock

Mit der Planung betraute der Fürstbischof BALTHASAR NEUMANN, 1687 in Eger geboren, der ab 1711 in Würzburg zunächst als Glocken- und Geschützgießer arbeitete. Schon früh offenbarte sich seine außerordentliche Begabung für Architektur. Aus Lehrbüchern und als Schüler des Ingenieurhauptmanns ANDREAS MÜLLER, der ihm eine große Zukunft prophezeite, bildete sich Neumann selbst zum Architekten heran. Er fertigte Pläne für Schlösser, Kirchen und Klöster und war auch als Stadtbaumeister tätig. Die Gestaltung seiner grandiosen Bauten geht stets vom Innenraum aus, der von klar gegliederten Fassaden umschlossen wird.

Planung und Bauverlauf

Schon die ersten Pläne Neumanns für die Residenz veranschaulichten das gewaltige Ausmaß des Bauvorhabens: auf einer Grundfläche von etwa 160 x 90 m sollte ein hufeisenförmiger Palast mit Ehrenhof und zwei Innenhöfen entstehen. Durch Einfügen von Zwischentrakten erhöhte sich die Zahl der Höfe auf vier; gleichzeitig ent-

Die vier Erdteile huldigen dem Würzburger Fürstbischof – Details aus Tiepolos Fresko im Treppenhaus

Vorangegangene Seiten: Blick in Neumanns monumentales Treppenhaus

Tiepolos Fresken im Kaisersaal zeigen die Hochzeit Kaiser Barbarossas mit Beatrix von Burgund (oben) und die Verleihung der Herzogswürde an den Würzburger Bischof (unten)

schloß man sich, Mittelpavillons im nördlichen und südlichen Flügel als ovale Baukörper zu errichten.

1723 wurde Neumann nach Paris geschickt, um seine Pläne von den königlichen Hofarchitekten DE COTTE und BOFFRAND begutachten zu lassen. Auf ihren Rat hin wurde die Hofkirche aus dem Nordoval

an die jetzige Stelle verlegt und das Treppenhaus neu konzipiert.

Als 1724 der Bauherr Johann Philipp Franz von Schönborn überraschend verstarb, war erst etwa ein Fünftel der Residenz verwirklicht. Unter CHRISTOPH FRANZ VON HUTTEN, dem neuen Fürstbischof, ruhten die Arbeiten bis 1729. Um so energischer griff dagegen FRIEDRICH CARL VON SCHÖNBORN nach seiner Wahl zum Fürstbischof von Würzburg und Bamberg ein. Er war Reichsvizekanzler und Bruder des verstorbenen Philipp Franz. Der Weiterbau erfolgte zunächst am Südschloß mit der Hofkirche. Zwischen 1737 und 1739 wurde schließlich am Mitteltrakt mit dem Treppenhaus und dem Kaisersaal gearbeitet. Stärker als bei der mit monumentalen Säulen gegliederten Gartenansicht dieses zentralen Bauteils zeigt die Ehrenhof-

Der Kaisersaal bietet einen stimmungsvollen Rahmen für das alljährlich stattfindende Barockfest

Fassade den nicht zu übersehenden Einfluß Wiener Architektur auf Neumann. 1744 war der Rohbau der Residenz vollendet.

Ein Gang durch die Residenz

Die Besichtigung der Residenz beginnt in der flach gewölbten EINGANGSHALLE, neben der der GARTENSAAL liegt. Durch diesen mit einem Fresko JOHANN ZICKS (»Das Mahl der Götter«, 1750) und Stukkaturen ANTONIO BOSSIS geschmückten Raum gelangte man einst in den Hofgarten.

Treppenhaus

Seit der Anlage einer »Gesandten-Treppe« im Schloß Versailles fällt diesem architektonischen Element eine herausragende, repräsentative Rolle zu. Neumann gelang mit seinem Treppenhaus eine einmalige Lösung, in der sich künstlerisches wie technisches Genie offenbarten. Die leicht ansteigenden Treppen führen in einen gewaltigen, lichtdurchfluteten Raum, der von einer flach gewölbten Decke abgeschlossen wird. Viele Zeitgenossen hielten es damals für unmöglich, die 600 Quadratmeter messende Fläche ohne Säulen oder Stützpfeiler zu überwölben.

Die Welt huldigt dem Fürstbischof

Die Ausmalung einer solch monumentalen Decke konnte nur einem Künstler von Rang anvertraut werden. Nachdem der neue Fürstbischof CARL PHILIPP VON GREIFFENCLAU – Friedrich Carl von Schönborn war 1746 gestorben – zuerst auf einen Scharlatan hereingefallen war, wurde aus Venedig der damals größte Könner seines Fachs, der Freskomaler GIOVANNI BATTISTA TIEPOLO (1696 – 1770) berufen.

Tiepolo schuf 1752/53 für einen fürstlichen Lohn das noch immer größte Gemälde der Welt (18 x 32 m). Bewunderung verdient jedoch weniger allein die Größe, sondern seine unbestrittene Großartigkeit! Die zur damaligen Zeit bekannten vier Erdteile – Europa, Asien, Afrika und Amerika (Australien galt noch nicht als Kontinent) – und antike Gottheiten huldigen dem fränkischen Herrscher, der in einem Medaillon erscheint. Schräg unter ihm, auf dem Gesims ruhend, hat Tiepolo den 1753 verstorbenen Baumeister Balthasar Neumann verewigt.

Einen Höhepunkt der Stuckdekoration zur Rokokozeit birgt der WEISSE SAAL, der zum Kaisersaal überleitet. Ganz bewußt wurde hier auf jede Buntheit verzichtet und auf die Wirkung der überschäumenden Ornamentik ANTONIO BOSSIS vertraut.

Von ihm stammen auch der Stuck und die vier eleganten antiken Götter in den Nischen des unvergleichlichen KAISERSAALS.

Den Entwurf für diesen Raum lieferte Neumann, die Krönung aber war wiederum Tiepolos Fresken vorbehalten. Oberhalb der in die Wand gestellten Säulen, deren Stuckmarmor und vergoldete Kapitäle majestätischen Prunk entfalten, schuf der Meister aus Venedig drei Gemälde, die zu den Spitzenwerken der europäischen Kunst zählen.

Die Fresken im Kaisersaal

Wie im Gemälde des Treppenhauses, das die herausragende Stellung der fränkischen Herrscher dokumentiert, sind auch die 1751/52 gemalten Bilder im Kaisersaal politisch zu verstehen.

Im Deckenspiegel erscheint auf einem Thron eine allegorische Gestalt, der GENIUS DES DEUTSCHEN

Von Johann Zick stammt das 1750 gemalte Deckenfresko des Gartensaales. Gerahmt vom herrlichen Stuck Antonio Bossis zeigt es das »Mahl der Götter«

REICHES. Sonnengott Apoll, der den fränkischen Landesherrn versinnbildlicht, führt ihm die Braut – eine Personifikation Burgunds – zu. Für den barocken Beschauer war die Bildaussage und ihr Anspruch eindeutig: Die Vereinigung des Reiches mit Burgund war das Verdienst des Würzburger Bischofs! Die Südwand bringt als ausschlaggebendes Ereignis die HOCHZEIT KAISER BARBAROSSAS MIT BEATRIX VON BURGUND in Erinnerung, die 1156 in Würzburg stattfand. Der barocken Sitte entsprechend, trägt der zelebrierende Bischof die Züge des Auftraggebers, des Fürstbischofs GREIFFENCLAU. Gegenüber werden die positiven Folgen dieser Begebenheit ins Bild gerückt: BARBAROSSA bestätigte im Jahr 1168 dem Würzburger Bischof HEROLD die Herzogswürde.

Tiepolo wäre nicht Italiener gewesen, hätte er das Geschehen nicht in ein theatralisch übersteigertes Szenario eingebunden. Bei ihm zählen nicht nur Hauptdarsteller, sondern ebenso Statisten, egal ob junger Page oder würdige antike Gottheit. Für den heiter und farbenfroh malenden Venezianer waren alle gleich.

Die Paradezimmer

Links und rechts schließen weitere im Stil der Zeit ausgestattete Repräsentationsräume an. NAPOLEON übernachtete hier 1806 und 1812. Besonders erwähnenswert sind das GRÜNE ZIMMER und das SPIEGELKABINETT, das zweifellos schönste seiner Art. Der durch die vielfältigen Spiegelungseffekte fast transparent wirkende Raum entzieht sich jeder Beschreibung.

Spätere Ausstattung

Auch die Einrichtung der Residenz war den Wandlungen der Mode unterworfen. So mußte un-

Bemalte Spiegel, goldener und farbiger Stuck bestimmen den einzigartigen Raumeindruck des Spiegelkabinetts

Würzburger Gobelins in einem der Alexander-Zimmer

ter Fürstbischof ADAM FRIEDRICH VON SEINSHEIM nach 1766 die Ausstattung des Nordflügels aus der Erbauungszeit einer frühklassizistischen Raumfolge weichen. Der kühl anmutende FÜRSTENSAAL im Louis-XVI.-Stil diente als Saal für Konzerte.

Die zum Rennweg weisenden Säle werden als GALERIE genutzt. In sinnvoller Ergänzung zu Tiepolos Meisterwerken wird hier ein Überblick der Venezianischen Malerei des 17. und 18. Jahrhunderts gewährt (vgl. S. 88).

Die Umgestaltung der Räume im Südflügel erfolgte während der Regierungszeit des GROSSHERZOGS FERDINAND VON TOSKANA. Das Fürstentum Würzburg war 1802 kurz an Bayern gefallen, dann infolge der Napoleonischen Politik an Ferdinand von Toskana, den Bruder des Österreichischen Kaisers Franz. 1814 wurde Würzburg endgültig bayerisch. Von dieser Epoche kündet der TOSKANA-SAAL im Südoval (Zugang durch den 1. südl. Innenhof). Dieser einstige Speisesaal ist mit Wandmalereien im pompejanischen Stil geschmückt.

Das »Grüne Zimmer« (1769 – 74) schließt die Folge der nördlichen Paradegemächer ab

Ein unvergleichlicher Höhepunkt barocker Raumkunst: die Hofkirche

Neumanns HOFKIRCHE ist ein unbestrittenes Glanzstück des Barock. Er teilte den rechteckigen Grundriß in Ovale auf, die von drei Kuppeln überwölbt werden. Gold und Marmor in allen Farben, Fresken von BYSS, Statuen und Stuck von BOSSI beherrschen die Dekoration. In diesem überschäumenden Prunk wird der starke Einfluß Wiener Kunst deutlich, die ganz dem Geschmack des lange dort als Reichsvizekanzler tätigen späteren Fürstbischofs FRIEDRICH CARL entsprach.

Die Gemälde über den Seitenaltären verdienen besondere Aufmerksamkeit, denn sie wurden von GIOVANNI BATTISTA TIEPOLO geschaffen. Der venezianische Meister stellte einen »Engelsturz« (links) und »Die Himmelfahrt Mariens« (rechts) dar.

Der Marienaltar auf der Empore, unmittelbar über dem Hauptaltar, war direkt von der Bischofswohnung aus zugänglich. Die golden erstrahlende Drapperie unter der monumentalen Fürstenkrone umfängt eine Hl. Dreifaltigkeit.

Kein Schloß ohne Garten

Durch eines der filigran erscheinenden Tore des aus Österreich stammenden Kunstschmiedes JOHANN GEORG OEGG gelangt man rechts der Hofkirche in den weitläufigen HOFGARTEN. Von den geschickt in das Gesamtkonzept eingebundenen älteren Bastionen hat man den besten Blick auf die langgestreckte Gartenfront der Residenz.

Überschäumende Dekoration prägt das Innere der Hofkirche

Seite 34/35: Der Frankonia-Brunnen. Links sitzt Minnesänger Walther von der Vogelweide, rechts Riemenschneider

Erste Pläne für den fürstbischöflichen Garten lieferten die Architekten MAXIMILIAN V. WELSCH und BALTHASAR NEUMANN, doch verschlang der Residenzbau nahezu

Balthasar Neumann. Porträt von Marcus Friedrich Kleinert (1727) im Mainfränkischen Museum

alle verfügbaren Gelder. 1759 erging ein weiterer Planungsauftrag an den bayerischen Hofarchitekten FRANÇOIS CUVILLIÈRS d. Ä., die eigentliche Gestalt gewann der Hofgarten aber erst unter der Regierung ADAM FRIEDRICH VON SEINSHEIMS (1755 – 1779). Für die Bepflanzung, die Terrassen, Treppen und Rampen sowie für die Wasserbecken zeichnete JOHANN PROKOP MAYER verantwortlich.

Seinen besonderen Reiz erhält der Würzburger Hofgarten durch das muntere Völkchen der Putten und durch die beiden stattlichen Figurengruppen – ein »Raub der Persephone« und der »Raub der Europa« –, die Hofbildhauer PETER WAGNER geschaffen hat.

Eine der zahlreichen verspielten Puttengruppen Wagners im Hofgarten

Residenzplatz und Frankonia-Brunnen

Neben der Residenz schließen sich der GESANDTENBAU (heute Hofkeller-Weinstube) und dessen Vorbild, das bereits um 1700 fertiggestellte ROSENBACH-PALAIS von PETRINI an. KOLONNADEN, die in zwei hoch aufragenden Pylonen enden, umgeben den Platz. Der Entwurf von Hofbaumeister GEIGEL stammt aus der Zeit nach 1765.

Bis 1820 verband ein großes Gitter die beiden Flügel der Residenz. Es bildete den Abschluß des EHRENHOFES. Kronprinz LUDWIG VON BAYERN, der zeitweilig hier residierte, empfand dieses Kunstwerk jedoch als beengend und ließ es kurzerhand abreißen.

An seiner Stelle steht seit 1894 der FRANKONIA-BRUNNEN, ein Geschenk der Bevölkerung an den 1821 in der Residenz geborenen Prinzregenten LUITPOLD VON BAYERN. Zu Füßen der Frankonia, der

Herbstliche Stimmung im südlichen Hofgarten

Blick von den Bastionen auf den Mittelpavillon mit Garten- und Kaisersaal

Personifikation des Frankenlandes, sitzen drei der berühmtesten Künstler Würzburgs: Der Minnesänger WALTHER VON DER VOGELWEIDE, der seinen Lebensabend hier verbrachte, der Bildhauer TILMAN RIEMENSCHNEIDER und der Maler MATTHIAS GRÜNEWALD, von dem man sagt, er habe hier das Licht der Welt erblickt.

Martin-von-Wagner-Museum

Noch heute, nachdem die Fürstbischöfe, der Erzherzog von Toskana und das bayerische Königshaus lange schon ausgezogen sind, dient die Residenz repräsentativen Zwecken. Im Kaisersaal und im Hofgarten findet alljährlich das »Mozart-Fest« statt. Kunstfreunde aus aller Herren Länder bestaunen die Schauräume. Daneben aber bietet das Schloß noch ausreichend Platz für andere Institutionen. Im Nordflügel hat sich das Bayerische Staatsarchiv eingerichtet, große Teile des Südflügels stehen der Universität Würzburg zur Verfügung.

Dank einer großzügigen Stiftung JOHANN MARTIN VON WAGNERS (1777 – 1858), eines Sohnes des Hofbildhauers, an die Hochschule seiner Heimatstadt, verfügt die Universität Würzburg nun über eine außerordentlich reiche Kunstsammlung. WAGNER, der zum Kunstberater und -agenten des bayerischen Königs aufgestiegen war, hinterließ zahlreiche antike Vasen, Gemälde sowie Zeichnungen und Drukke. Zu den Schätzen des nach seinem Stifter benannten Museums zählen Arbeiten der deutschen, niederländischen und italienischen Schulen, Werke RIEMENSCHNEIDERS, Zeichnungen TIEPOLOS und der aus den Gärten des SALLUST in Rom stammende VIERJAHRESZEITEN-ALTAR aus Marmor (um 50 n. Chr.).

Domstraße und Westwerk des Domes. Eine von Balthasar Neumann geplante Barockfassade wurde nicht verwirklicht

Der Kiliansdom

Eine der größten deutschen Kirchen der Romanik – Ein besonders prunkvolles Mausoleum für die Schönborn-Fürstbischöfe – Diözesan-Galerie »Marmelsteiner Kabinett«

Geschichte und Baugeschichte

Bereits in vorchristlicher Zeit scheint im Bereich der Vierung des Domes ③ eine Kultstätte existiert zu haben. Tierknochen, die in der Nähe des Quellbrunnens in der Krypta gefunden wurden, untermauern diese Vermutung. Im frühen Christentum war es durchaus üblich, ältere heidnische Heiligtümer für den neuen Glauben zu vereinnahmen.

Seite 40/41: Tilman Riemenschneider am Frankonia-Brunnen. Im Hintergrund die Silhouette des Domes

Ein erster Salvatordom entstand ab 768 unter BEROWELF, dem dritten Bischof von Würzburg. 855 wurde er durch Erdbeben und Feuer zerstört. Der nachfolgende Dom wurde dann mehrfach umgebaut und erweitert. In seiner heutigen Grundform geht der Kiliansdom, wie er nun heißt, auf die Bauphase zwischen ca. 1040 und 1188 zurück. Später wurden die Osttürme erhöht und verschiedene Um- und Anbaumaßnahmen realisiert. BALTHASAR NEUMANN fügte dem Chor 1749 Sakristei und Ornatkammer sowie die Schönbornkapelle am nördlichen Querhaus an.

1945 wurde der Dom teilweise zerstört, ein Jahr später stürzte das schwer beschädigte Langhaus ein. Beim Wiederaufbau berücksichtigte man die gewachsene Architektur, nahm aber im Inneren einschneidende Veränderungen und Modernisierungen vor.

Raum und Ausstattung

Der Kontrast des flachgedeckten Langhauses mit den über und über verzierten Gewölben in Chor und Querschiff bestimmt das Innere des Kiliansdomes. Trotz des gewaltigen Stucks, den der Mailänder PIETRO MAGNO (1701 – 1704) schuf, bleibt die Grundstruktur der romanischen Pfeilerbasilika sichtbar. Die neuzeitliche, Ende der 80er Jahre abgeschlossene figürliche Ausschmückung des Chores versucht mit modernen Mitteln an die Tradition anzuschließen. Den nüchtern wirkenden Altarbereich gestaltete 1966 der Schweizer Bildhauer ALBERT SCHILLING, die Monumentalplastik in der Apsis HUBERT ELSÄSSER.

Steinerne Kunstgeschichte

Unvergleichlich ist am Würzburger Dom die bis in die Gegenwart fortgesetzte Beisetzung von Bischöfen, deren GRABMÄLER den Kirchenraum mitprägen. Diese »steingewordene Geschichte des Bistums« vermittelt anschaulich die Entwicklung fränkischer Plastik durch neun Jahrhunderte. Eine ähnliche Herrschergalerie hat nur noch der Mainzer Dom aufzuweisen. Das älteste der Grabdenkmäler erinnert an GOTTFRIED VON SPITZENBERG, der 1190 auf einem Kreuzzug starb. Die kunsthistorisch bedeutendsten aber stammen von RIEMENSCHNEIDER: das für den im 93. Lebensjahr verstorbenen Bischof RUDOLF VON SCHERENBERG, und gleich da-

Im stillen gotischen Kreuzgang. Die Obergeschosse der Türme stammen aus dem 12. Jahrhundert

Tradition und Moderne verbinden sich in der Gestaltung des Domchores

neben, das Grabmal für LORENZ VON BIBRA. Bemerkenswert ist, daß Bibra seinen Grabstein noch zu Lebzeiten in Auftrag gab.

Während das ältere Werk noch dem gotischen Stil verhaftet ist, gehören die Rahmenformen um die Bibra-Gestalt bereits zur Renaissance. Im südlichen Seitenschiff und dem Kiliansportal gegenüber sind weitere Figuren Riemenschneiders aufgestellt.

Links an den Pfeilern des Langhauses ist eine auf drei Pfeilern aufgeteilte DREIKÖNIGSGRUPPE aus dem Ende des 13. Jahrhunderts zu sehen. Die drei Großmächte jener Zeit, England, Frankreich und das Deutsche Reich (erkennbar an den heraldischen Mustern der Gewänder), huldigen dem Gottessohn.

Unter vielen Kunstwerken aller Epochen sind noch besonders das 1279 von MEISTER EKKEHART gegossene BRONZE-TAUFBECKEN, Reste gotischer Wandmalereien, das spätgotische »Jüngste Gericht« – Tympanon über dem Portal zum Kreuzgang – sowie die 1609 von MICHAEL KERN geschaffene KANZEL zu nennen.

Wer die Stufen zur KRYPTA hinabsteigt, schreitet weit in die Geschichte zurück. Hier trifft man zunächst auf das schlichte Grab des heiligen Bischofs BRUNO (1034 – 1045), eines Vetters von Kaiser KONRAD II. In einem anschließenden Raum werden Relikte aus der Frühzeit des Domes ausgestellt, außerdem Grundrisse, die seine bauliche Entwicklung aufzeigen.

Schönbornkapelle

An das nördliche Querhaus ließ der Fürstbischof von Mainz und Bamberg, LOTHAR FRANZ VON SCHÖNBORN, ab 1718 eine GRABKAPELLE für die Mitglieder seiner Familie errichten (vollendet 1736). Diese Stelle wurde deshalb gewählt, weil sie von der Residenz aus gesehen werden konnte. Baumeister des von zwei Ovalen erweiterten Kuppelraumes war BALTHASAR NEUMANN. Skelette über dem Portal mahnen die Vergänglichkeit des Menschen; im Innern dominiert schwarzer Marmor. Fresken von RUDOLF BYSS zeigen die Auferstehung und das Jüngste Gericht. Die kunstvollen Gitter schuf JOHANN GEORG OEGG.

Kreuzgang und Sepultur

Ein Ort der Stille und Einkehr ist der an die südliche Langhauswand sich schmiegende gotische KREUZGANG. Wappen schmücken

Riemenschneider: Grabmal des Rudolf von Scherenberg (1496/99)

Der Kreuzgang des Domes mit seinen eleganten Maßwerkfenstern

Der Ostchor des salischen Domes. Rechts die Schönbornkapelle, im Hintergrund Apsis, Turm und Kuppel des Neumünsters

die Schlußsteine der Gewölbe, unter denen weitere Grabdenkmäler aus verschiedenen Epochen stehen.

Vom Portal der einstigen Domschule stammt das farbig gefaßte, um 1480 geschaffene Tympanon mit einem lehrenden Propheten.

Vom Kreuzgang oder vom südlichen Querhaus kommt man in die SEPULTUR, eine GRABLEGE DER DOMHERREN aus der Zeit um 1450. Die zweischiffige Halle erhält ihr stimmungsvolles, gebrochenes Licht durch moderne, nach Entwürfen GEORG MEISTERMANNS gefertigte Fenster.

Bischofspalais

Nur wenige Schritte vom Domchor entfernt liegt der »HOF CONTI«, heute Bischöfliches Palais. Das stattliche Gebäude mit dem hübschen ERKER wurde von 1588 bis 1609 für einen Neffen des Fürstbischofs Julius Echter gebaut.

Marmelsteiner Hof

Verläßt man den Dom hingegen in Richtung Süden, stößt man auf den »MARMELSTEINER HOF«, einen 1747 von NEUMANN entworfenen, dreiflügeligen Bau. Im Eingangsbereich hinter dem Portal hängen vier mittelalterliche Wappensteine und ein Maßwerkfenster vom alten Dom. Durch eine bescheidene Pforte in der Plattnerstraße betritt man das »Marmelsteiner Kabinett«, die GALERIE DER DIÖZESE WÜRZBURG. In jährlich vier Wechselausstellungen werden Werke der Gegenwartskunst sowie Zeugnisse aus der Geschichte des Bistums gezeigt (Öffnungszeiten S. 89).

Neumünster und Lusamgärtchen

Romanik hinter barocker Prachtfassade – Grabstätte der Frankenapostel – Im Lusamgärtchen ruht der Minnesänger Walther von der Vogelweide

Geschichte

Tausende fränkischer Wallfahrer zieht es alljährlich am 7. Juli in die Neumünsterkirche ④, zu dem Ort, wo die Missionare KILIAN, KOLONAT und TOTNAN im Jahr 689 ermordet worden sein sollen. Durch ein Wunder wurden ihre Gebeine unter einer Stallung des nahegelegenen Herzogshofes gefunden, wo man sogleich eine Gedenkstätte errichtete. In der zweiten Hälfte des 11. Jahrhunderts ließ dort der heilige Bischof ADALBERO eine frühromanische Pfeilerbasilika bauen, die bis in die Barockzeit mehrfach umgestaltet und erweitert wurde.

Architektur

Während die mächtige achtseitige Kuppel und die kräftig geschwungene Fassade den Eindruck einer barocken Kirche vermitteln, verrät die östliche Ansicht die mittelalterliche Entstehungszeit. Ein Kleinod spätromanischer Architektur ist der

Der Wechsel von Säulen und Pfeilern kennzeichnet die hochmittelalterliche Architektur des Kreuzganges im Lusamgärtchen

Aachener und Münchener

seitlich stehende, zierlich wirkende Turm, der 1766 mit einer Zwiebelhaube versehen wurde.

Ausstattung

Auch die barocke Innenausstattung – Stuck, Fresken, Hochaltar und Chorgestühl – verschleiert das hohe Alter des Neumünsters. Einige Kunstwerke verdienen besondere Beachtung: RIEMENSCHNEIDERS graziöse Sandstein-Madonna (unter der Kuppel rechts), seine Büsten der Frankenapostel auf dem Hauptaltar (Kopien nach den 1945 verbrannten Originalen), die ungewöhnliche, um die Mitte des 14. Jahrhunderts geschaffene Christusdarstellung, deren Arme sich vom Kreuzbalken gelöst haben (gegenüber), sowie der Grabstein des Abtes Trithemius aus der Werkstatt Riemenschneiders (in der rechten Vorhalle).

Der Westteil der KRYPTA unter dem Chor entstammt dem 11., der Ostteil dem 13. Jahrhundert. Die schlichte KILIANSGRUFT befindet sich unter dem Kuppelraum. Neben den Reliquien der Märtyrer birgt sie die einfachen Steinsärge Kilians und des zweiten Würzburger Bischofs, des hl. MEGINGAUD († 785). Dem Brunnen wurde früher Heilkraft bei Augenleiden zugeschrieben.

Ein Minnesänger im Kreuzgang

Im Schatten des Neumünsterchores liegt ein stiller Hof. Um 1170/80 wurde hier ein Kreuzgang geschaffen, von dem nur ein Flügel die Zeiten überdauert hat. Er sollte, als herausragendes Beispiel staufischer Architektur und Plastik, zu Beginn des 20. Jahrhunderts in ein Berliner Museum kommen, was Würzburger Kunstfreunde gerade noch verhindern konnten.

Die 16 Bogen lagern auf ornamental verzierten Säulen und Pfeilern. Zwei würdevolle Reliefs stellen den thronenden Christus und den hl. Kilian dar.

Aus der Frühzeit des Domes: romanisches Kreuz mit dem Haupt eines Bärtigen in der Krypta

Hier erinnert ein Gedenkstein an den großen Minnesänger WALTHER VON DER VOGELWEIDE. Kaiser Friedrich II. hatte ihm im Neumünsterstift einen Altersruhesitz verschafft, wo er etwa 1230 starb. Seinem letzten Willen entsprechend, wurde seine Grabstätte mit einer Vogeltränke ausgestattet. Ein weiteres Denkmal für den Dichter wurde 1843 an der Apsis der Kirche aufgestellt. Den Text lieferte der bayerische König Ludwig I.

Links: Die schwungvoll gestaltete Barockfassade des Neumünsters wurde 1716 vollendet. Das Portal unter der Treppe führt in die Kiliansgruft

Folgende Seiten: Würzburg im Abendlicht – Alte Mainbrücke, Rathausturm »Grafeneckart« und Kiliansdom

Eine Galerie von Heiligen, Kaisern und Königen ziert seit dem Barock Würzburgs älteste Brücke

Die Alte Mainbrücke

Nicht nur eine der ältesten, sondern auch eine der schönsten Steinbrücken Deutschlands – Ihre Figuren sind gleichermaßen Zeugnisse des Glaubens und eines politischen Programms

Vorläufer

Bereits vor dem Jahr 1133 soll anstelle einer Furt, die die beiden ältesten Siedlungsteile Würzburgs miteinander verband, eine steinerne Brücke ⑤ entstanden sein. Als ihr Architekt gilt der Dombaumeister ENZELIN. 1342 wurde sie – ebenso wie ihre Nachfolgerin ein Jahrhundert später – durch Hochwasser zerstört.

Erste massive Pfeiler ...

Im 15. Jahrhundert wurden die Pfeiler der heutigen Brücke errichtet. Zunächst waren sie nur durch hölzerne Konstruktionen verbunden. Erst 1607 ging man daran, zwischen die massiven Pfeiler gemauerte Bögen einzuziehen. Das letzte Joch wurde erst 1703 eingewölbt.

... und die Ausstattung der Barockzeit

Ihre barocke Gestalt erhielt die Alte Mainbrücke in der ersten Hälfte des 18. Jahrhunderts. Als 1725 ELISABETH VON ÖSTERREICH, die Schwester des Kaisers, Würzburg besuchte, da gab es nicht nur ein fulminantes Feuerwerk, für das NEUMANN zuständig war, sondern auch eine gemalte Ehrenpforte an der Brücke. Ihr Schöpfer, der Hofmaler CLEMENS LÜNENSCHLOSS, erhielt dafür eine Belohnung und von Fürstbischof CHRISTOPH FRANZ VON HUTTEN den Auftrag, ein Figurenprogramm für eine dauerhafte Dekoration zu entwerfen.

Die Brückenheiligen

Die Skulpturen auf der Südseite stammen aus der Werkstatt der Haßfurter Gebrüder BECKER, die etwas jüngeren flußabwärts von der Hand des aus Frankreich zugereisten Hofbildhauers CLAUDE CURÉ. Dieser arbeitet bereits im Auftrag Friedrich CARL VON SCHÖNBORNS, der 1729 zum Nachfolger Huttens gewählt worden war.

Die Auswahl der Figuren erfolgte nach religiösen und politischen Gesichtspunkten: Am Brückenscheitel steht die Hl. Familie, Maria als Patrona Franconiae, gegenüber Joseph und der Jesusknabe. Begleitet werden sie von den drei irischen Missionaren Kilian, Kolonat und Totnan sowie von den beiden heiliggesprochenen Bischöfen Burkard und Bruno. Die Aufstellung einer Figur Kaiser Karls d. G. und dessen Vaters Pipin ist ein Zeichen der Treue des Fürstbistums Würzburg zum deutschen Kaisertum.

Der hl. Burkard, Würzburgs erster Bischof

Dem traditionellen Brückenheiligen Nepomuk stehen schließlich noch die beiden Namenspatrone des Auftraggebers, der hl. Friedrich und Carl Borromäus zur Seite.

Von der Uferpromenade am Kranenkai hat man den schönsten Blick auf Festung und Alte Mainbrücke

ROLEX

Das Rathaus Grafeneckart

Das Würzburger Rathaus ⑥, zunächst Sitz bischöflicher Schultheißen, wurde 1316 von der Bürgerschaft erworben und im Lauf der Jahrhunderte stetig erweitert – Der »Grafeneckart«, ein massiver romanischer Steinbau mit Geschlechterturm, leitet seinen Namen von einem Burggrafen namens Eckart her, der um 1200 ermordet wurde – Der Vierröhrenbrunnen

Ursprünglich tagte der Würzburger Rat im »Hof zur Sturmglocke«, der dem »Grafeneckart« gegenüberlag. Am 5. März 1316 verkaufte der Ritter und Truchseß KUNO VON REBSTOCK seinen Hof für 370 Pfund Heller der Würzburger Bürgerschaft. Ursprünglich handelte es sich um einen zweigeschossigen Bau mit einer turmartigen Erhöhung. Die Portale, die erste öffentliche Uhr der Stadt von 1453 und der schmukke Renaissance-Erker wurden später hinzugefügt, als man zwei Stockwerke sowie den prächtigen Giebel aufsetzte und den Turm um vier Stockwerke erhöhte. Der an die Fassade gemalte, seit Ende des 16. Jahrhunderts nachweisbare »Grüne Baum« steht als Symbol für eine uralte Stätte der Rechtsprechung.

In seinem Inneren birgt dieser Bau einen der schönsten Profanräume des hohen Mittelalters in Deutschland, den »WENZELSAAL«. Zum Main hin, aber um einige

Links: Über 55 Meter ragt der »Grafeneckart«, der Turm des Rathauses in die Höhe. Im Vordergrund der Vierröhrenbrunnen – ein beliebter Treffpunkt der Würzburger und ihrer Gäste

Der historische Wenzelsaal stammt aus dem frühen 13. Jahrhundert

Meter zurückgesetzt, schließt sich die reichgegliederte Renaissance-Fassade des »ROTEN BAUS« (1659/60) an. Durch das Portal gelangt man in einen stimmungsvollen Hof mit Wappenhalle, der bei schönem Wetter den Gästen des RATSKELLERS zur Verfügung steht. Dieses 1918 eingerichtete Gasthaus schließt an die Tradition der Ratstrinkstube an. Er umfaßt alte Lagerräume sowie die einstige Kapelle der Stadtoberen. Der Besucher hat die Auswahl zwischen gemütlichen Wein- und Bierstuben, von denen besonders die mit illusionistischen Malereien ausgestattete »LAUBE« und die holzgetäfelte »SCHIESTL-STUBE« erwähnenswert sind.

Der SÜDFLÜGEL, dessen Formen sich an die Würzburger Barockbaukunst anlehnen, beherbergt den neuen Ratssaal. Monumentale Fresken von WOLFGANG LENZ künden von den wichtigsten Ereignissen der wechselvollen Stadtgeschichte.

Der Vierröhrenbrunnen

Am Platz vor dem Grafeneckart steht Würzburgs zierlichster Brunnen des Rokoko, der »VIERRÖHRENBRUNNEN«. JOHANN PETER WAGNER schuf ihn 1766 nach Entwürfen von LUKAS VAN DER AUVERA (Kopien, die Originale in der Stadtgeschichtlichen Abteilung des Mainfränkischen Museums). Über wasserspeienden Delphinen thronen die vier christlichen Kardinaltugenden. Dazwischen ragt ein Obelisk auf, auf dem Frankonia, die Symbolgestalt Frankens steht. Bei besonderen Anlässen wie Staatsbesuchen oder Bischofswahlen floß aus den vier Röhren Rot- und Weißwein, um die festliche Stimmung zu steigern.

Die Wandmalerei im neuen Ratssaal stammt von Wolfgang Lenz. Sie schildert wichtige Ereignisse der Stadtgeschichte

Putten, Falken und Rocaillen zieren den mittleren Giebel des schönsten Würzburger Bürgerhauses

Das Haus zum Falken

»Die Perle des Rokoko« am Oberen Markt gilt als einer der schönsten Profanbauten Deutschlands – Wo im 14. Jahrhundert der Dompfarrer wohnte, entstand Mitte des 18. Jahrhunderts die prächtige Stuckfassade eines Gasthauses

Gotik und Rokoko

Stärker kann der Kontrast kaum sein als zwischen der streng aufragenden Gotik der Marienkapelle und dem verspielten Rokoko des Falkenhauses ⑦! Doch das Nebeneinander der Baustile mindert nicht etwa die Wirkung der Architektur, sondern steigert sogar noch deren charakteristischen Ausdruck.

Von der Schenke zum Gesamtkunstwerk

Bis 1406 wohnte an dieser Stelle der Dompfarrer; ab 1629 wurde ein späteres Gebäude als Gasthaus genutzt, dem 1751 die unverwechselbare Stuckfassade vorgeblendet wurde. Über dem schlichten Erdgeschoß mit dem klassischen Portal erhebt sich die eigentliche Schauseite des Hauses, die von drei phantastisch geschwungenen Giebeln gekrönt ist. Der Stuck, der sich über die ganze Wand zu ergießen scheint, kann kaum im Detail geschildert werden: Puttenköpfe, Rocaillen und die unermeßliche Formenvielfalt des Rokoko wachsen zu einem Gesamtkunstwerk zusammen. In der Mitte – wie bei so vielen Häusern in Würzburg – Maria, die Mutter Gottes. Die Wolken zu ihren Füßen versinnbildlichen die Himmelfahrt.

MALSOVIT
MALSOVIT

CAFE WEI
CAFE
Cafe Michel
Konditorei
Bäckerei
Pralinen
Cafe
Lord Extra

Die Marienkapelle

Weltruhm dank Riemenschneiders »Adam und Eva« – Würzburgs Bürgerkirche steht auf dem Gelände des alten jüdischen Ghettos – Grabmäler fränkischer Ritter und Grablege Balthasar Neumanns

Die Marienkapelle ⑧, Würzburgs Bürgerkirche, entstand gegen Ende des 14. Jahrhunderts auf einem Gelände, das früher den Juden vorbehalten war. Ein unter der Kirche erhaltenes Ritualbad zeugt von dieser Vergangenheit. 1377 wurde der Grundstein gelegt. Um 1441 war die spätgotische Hallenkirche fertiggestellt, der Turmbau zog sich noch bis 1479 hin

(die neugotische Turmspitze entstand erst 1856/57). Im Inneren wie im Äußeren belegt die Marienkapelle das hohe Können fränkischer Bildhauer.

Das HAUPTPORTAL zeigt im Bogenfeld ein »Jüngstes Gericht« (um 1430). Es zeigt Christus als Weltenrichter, links unter ihm den Einzug der Seligen ins Paradies, wo sie von Petrus empfangen werden. Rechts hingegen öffnet sich weit der Rachen der Hölle, in die die Verdammten – unter ihnen weltliche wie kirchliche Würdenträger – von Teufelsgestalten gezerrt werden. Eigentümlich ist die Darstellung der »Verkündigung« an der NÖRDLICHEN PFORTE: Vom Mund Gottvaters führt eine Art Sprachrohr, auf dem das winzige Christkind kopfüber herabrutscht, zum Ohr Marias. Das zum Marktplatz weisende Tympanon stellt die Krönung der Gottesmutter dar.

Adam und Eva

1493 wurden am SÜDPORTAL Tilman Riemenschneiders Figuren des ersten Menschenpaares aufgestellt (die Originale befinden sich mittlerweile im Mainfränkischen Museum). Die anmutige

Links: Riemenschneiders Grabmal für den Ritter Konrad von Schaumburg

Rechts: Wie schon in alter Zeit schmiegen sich auch heute noch kleine Kaufmannsbuden an die Mauern der Marienkapelle

Seite 58/59: Straßencafés laden zum Verweilen ein

Grazie Adams und Evas nimmt jeden Betrachter gefangen. Auch die Christus-Gestalt über Adam und die zwölf Apostel an den Strebepfeilern der Kirche stammen aus Riemenschneiders Werkstatt.

Das Innere der Marienkapelle birgt eine Reihe wertvoller plastischer Kunstwerke. Sie war bevorzugte Begräbnisstätte des Adels und der Ratsmitglieder. Das berühmteste Grabmal gestaltete RIEMENSCHNEIDER im Jahr 1500 für den Ritter KONRAD VON SCHAUMBURG, einen fürstbischöflichen Gesandten und Kriegsminister. Die durchgeistigten Züge des strengen Gesichts und die kräftigen Locken kontrastieren wirkungsvoll mit der glatten Rüstung.

Wenige Schritte von der Gestalt des Ritters von Schaumberg entfernt trifft man auf ein weiteres interessantes Grabdenkmal. MARTIN VON SEINSHEIM († 1434) war, wie seine seltsame Halskette ausweist, Mitglied des »Fürspängerordens«, einer Vereinigung von Marienverehrern, deren Abzeichen die Gürtelspange der Gottesmutter war.

Selbst ein Heiliger fand in der Marienkapelle seine letzte Ruhe: MAKARIUS, der zwischen 1135 und 1153 Abt des Würzburger Schottenklosters war.

Eine 1953 zum 200. Todestag angebrachte Gedenktafel erinnert daran, daß auch der große Barockarchitekt BALTHASAR NEUMANN in der Marienkapelle begraben liegt.

Das Innere der spätgotischen Marienkapelle

Nächtliche Impression – Über die Kuppeln des Käppele schweift das Auge hinüber zur Festung Marienberg

Das Käppele

Prunkvolle Hülle für ein schlichtes Gnadenbild – Das Käppele ⑨, ein Wallfahrtsort für Gläubige und Touristen – Berühmte Künstler wirkten bei der Ausstattung der von Balthasar Neumann entworfenen Kirche mit

Geschichte einer Wallfahrt

Die Legende erzählt, ein Fischersohn habe 1640 ein Marienbild den Nikolausberg hinaufgetragen, um damit eine in den Wirren des Dreißigjährigen Krieges zerstörte Heiligenfigur zu ersetzen. Bald darauf verbreitete sich im Land die Kunde von Wundern und Heilungen. Der Andrang der Gläubigen nahm zu, eine erste kleine Kapelle wurde errichtet. Immer mehr Marienverehrer pilgerten heran und ließen den Wunsch nach einem repräsentativen Neubau aufkeimen.

Die Kirche Balthasar Neumanns

1740 legte NEUMANN erste Planungen vor. Da ihm am Hang nur ein beengtes Areal zur Verfügung stand und er überdies die alte GNADENKAPELLE zu berücksichtigen hatte, lag es nahe, einen Zentralbau zu konzipieren. An die alte, später erst angeglichene Kapelle mit dem Gnadenbild und den Votivgaben, fügte der Barockarchitekt ein Gebäude an, das er zur Stadt hin mit einer eindrucksvollen Fassade versah. Neumann hat es hier auf unvergleichliche

Weise verstanden, seine Architektur in die umgebende Landschaft hineinzukomponieren.

Die Ausstattung

1752 war der Bau vollendet und man konnte an die Ausstattung gehen. Die Aufträge erhielten die besten Künstler und Kunsthandwerker der Region, aber auch auswärtige Meister. Der herrliche, von kleinen Spiegeln durchzogene Stuck stammt von dem Wessobrunner JOHANN MICHAEL FEUCHTMAYER und von MATERNO BOSSI, die die Gottesmutter verherrlichenden Fresken vom Augsburger Maler MATTHÄUS GÜNTHER. Der klassizistische Hochaltar von G. J. WINTERSTEIN und die Kanzel (wiederum von M. BOSSI) wurden erst an der Wende des 18. zum 19. Jahrhundert installiert.

Zeugnisse der Frömmigkeit

Wie lebendig die Wallfahrt zum Käppele auch heute noch ist, das belegen die zahllosen Opfergaben - Votivtafeln, Figuren und Körperteile aus Wachs – die im sog. UMGANG bzw. MIRAKELGANG aufbewahrt werden, der sowohl von der Gnadenkapelle wie von der Terrasse aus zu erreichen ist.

Die Treppenanlage

Die von schattenspendenden Bäumen bestandene doppelläufige Treppenanlage, die zum Käppele emporführt, entstand erst lange nach Balthasar Neumanns Tod ab 1761. Die Figuren in den 14 kleinen Kapellen entwarf PETER WAGNER.

Ob heute noch Wunder stattfinden, sei dahingestellt. In den Kriegstagen des Jahres 1800, als sich Franzosen im Käppele verschanzt hatten, blieb der Wallfahrtsort trotz starken Beschusses jedenfalls unversehrt.

Die ganze Pracht des Rokoko – Fresken, Stuck, Stuckmarmor und Vergoldungen – zieht jeden Käppelebesucher in seinen Bann

Blick über den Alten Kranen zur Festung

Alter Kranen und Haus des Frankenweins

Mit seinem Kuppeldach, aus dem zwei weit ausladende Arme ragen, zählt der Alte Kranen ⑩ zu den markantesten Wahrzeichen Würzburgs – Franz Ignaz von Neumann, ein Sohn des berühmten Barockbaumeisters, errichtete das einmalige technische Denkmal zwischen 1767 und 1775

Zwei Gründe waren es, die Fürstbischof Adam Friedrich von Seinsheim veranlaßten, einen für seine Zeit ganz modernen Kranen in Auftrag zu geben: Er wollte den Handel mit den Nachbarstaaten intensivieren und den Güterumschlag vereinfachen bzw. beschleunigen.

Die Pläne für den Alten Kranen lieferte der Ingenieurmajor Franz Ignaz von Neumann (1733 – 1785), das sechste Kind des großen fränkischen Architekten Balthasar Neumann. Zum Schutz vor dem immer wieder drohenden Hochwasser des Mains wurde die Anlage auf eine Bastion mit Torhaus gestellt. Früher konnte man mit Wagen und Fuhrwerken aus drei Richtungen durch die mächtigen Gewölbe des Untergeschosses hindurchfahren.

Längst hat dieses einzigartige Denkmal der Technik ausgedient. Heute ist es Bestandteil vom »Haus des Frankenweins« mit seinem gemütlichen Restaurant, der attraktiven Weinverkaufsstelle und der weitläufigen Terrasse. Von hier schweift der Blick über die Alte Mainbrücke zur Festung Marienberg, über die Türme der Deutschhaus- und Schottenkirche hinüber zu den Hängen des »Stein« mit seinen bekannten Weinbergen.

Eine schmale Treppe führt von der Terrasse zur Schiffsanlegestelle, von der aus man Richtung Veitshöchheim oder Randersacker eine Bootsfahrt starten kann. Doch man sollte nicht zu schnell zu den Schiffen eilen, denn ein Fenster neben der Treppe gewährt Einsicht in das »Innenleben« des Kranens. Die aus Holz gefertigte Mechanik wurde mit Menschenkraft betrieben. Ein Laufrad und Flaschenzüge sorgten für ein reibungsloses Be- und Entladen der Frachtkähne. Während ältere Kräne über nur einen Lastarm verfügten, entwarf FRANZ IGNAZ VON NEUMANN einen Bau mit zwei Auslegern. Dank dieser Neuerung konnte viel effektiver gearbeitet werden. Nun war es möglich geworden, zur gleichen Zeit zu laden oder zu löschen und die Waren aus den angeschlossenen Speichern herbeizuschaffen bzw. dort einzulagern.

Der Alte Kranen war ein Zweckbau. Ein Wappenstein des Fürstbischofs an der Kaimauer ist der einzige künstlerische Schmuck.

Im »Haus des Frankenweins« wird fachliche Beratung groß geschrieben

Zwischen Kranen und Alter Mainbrücke erstreckt sich eine gepflegte Grünanlage. Nur noch der Name »Holztor« an einem Durchgang zur Karmelitenstraße erinnert daran, daß hier bis ins 20. Jahrhundert hinein Stämme zwischengelagert wurden, die als Flöße aus dem fernen Fichtelgebirge und dem Frankenwald geländet wurden.

Wie eine Krone ragen die Türme von Dom, Neumünster und Marienkapelle aus dem Häusermeer auf. Im Vordergrund das »Haus des Frankenweins« und der Alte Kranen

Weingüter und Spitäler

Gestiftet »zu Nutz und Wohl« der Armen und Hilfsbedürftigen – Der Weinbau trägt dazu bei, den Stiftungsauftrag zu erfüllen – Geheimrat Goethe war Kunde der Hofkellerei

Juliusspital ⑪

Der einzige Fehler des Juliusspitals sei, daß es für ein Armenhaus zu prächtig ist. So sah es zumindest ein französischer Würzburg-Besucher im 18. Jahrhundert. Und in der Tat erinnert die eindrucksvolle Barockanlage mehr an ein Schloß als an eine Institution, die für Alte und Kranke eingerichtet wurde.

Eine bischöfliche Stiftung

Ab 1576 ließ JULIUS ECHTER nach Plänen des Mainzer Architekten GEORG ROBIN vor den Mauern der Stadt einen gewaltigen vierflügeligen Komplex im Stil der Renaissance errichten. 1699 fiel jedoch alles einem verheerenden Brand zum Opfer.

Den nur vom Park und dem weiträumigen Innenhof aus sichtbaren palastartigen neuen FÜRSTENBAU entwarf der italienische Barockarchitekt ANTONIO PETRINI.

Unter den Arkaden befindet sich der Zugang zur ROKOKO-APOTHEKE – die schönste in Deutschland! Ihre Originaleinrichtung – Rezepturtisch, Regale, Plastiken des Hofbildhauers JOH. PETER WAGNER, schmiedeeiserne Arbeiten OEGGS und die Deckenmalerei – hat unbeschadet die Zeiten überdauert.

Einzig in ihrer Art ist die Rokoko-Einrichtung der Juliusspital-Apotheke

Personifikationen der fränkischen Flüsse am Brunnen des stillen Parks im Schatten des Fürstenbaus

Den Garten hinter dem Spital, in dem früher Kräuter und Arzneipflanzen kultiviert wurden, ziert der 1706 von JAKOB VAN DER AUVERA geschaffene BRUNNEN, dessen Gestalten die vier großen Flüsse Frankens symbolisieren. Wenige Schritte entfernt der zu Beginn des 18. Jahrhunderts erbaute, später um zwei Seitenteile erweiterte GARTENPAVILLON. Von 1727 bis 1853 wurde er als »anatomisches Theater« zur Ausbildung des Medizinernachwuchses genutzt. RUDOLF VIRCHOW, der berühmte Pathologe, hielt hier Vorlesungen. Heute dient der schöne, mit Deckenstuck verzierte Raum gelegentlich für Kunstausstellungen und Konzertveranstaltungen.

Nur bei Führungen zugänglich sind die schier unermeßlichen KELLER, in denen die Erträge von etwa 170 Hektar bester fränkischer Weinberge gelagert werden.

Bürgerspital zum Hl. Geist ⑫

Untrennbar mit hervorragenden Weinen verknüpft ist auch der Name des Würzburger Bürgerspitals. Wie das Juliusspital verfügt es über beste Lagen am Stein und in der Umgebung der Mainfrankenmetropole. Insgesamt sind es 140 Hektar Rebfläche.

Stifter des Bürgerspitals war der Würzburger Patrizier JOHANN VON STEREN im Jahr 1319. Die Anregung dazu dürfte er auf seiner Pilgerreise nach Rom bekommen haben, wo er das Heiliggeistspital in Sassia kennengelernt hatte. 1340 folgten die Gebrüder TEUFEL seinem Vorbild und vermachten dem Spital reichen Grundbesitz. Bis in die Gegenwart hinein erhielt das Spital weitere Zustiftungen, womit es seine Aufgabe, die Pflege von Alten und Bedürftigen, erfüllt.

Eng, aber gemütlich: beim Weinfest im malerischen Hof des Bürgerspitals

Bedeutendste Einnahmequelle aber bleibt das Weingut, dessen Produkte Weltruhm genießen.

Die kleine, äußerlich bescheidene KIRCHE ist das einzige Bauwerk der Gesamtanlage, das aus der Epoche der Spitalgründung stammt (Weihe 1371, mehrfach verändert). An der Außenwand ein hochbarockes Relief mit der Krönung Mariens, das wie die Hausmadonna über dem Eingang zur Probierstube nach der Zerstörung Würzburgs 1945 hier einen neuen Platz fand. Ebenso erging es einer Reihe weiterer Plastiken, die nun im Kircheninneren und im stimmungsvollen Hof aufgestellt sind.

Zwei Werke der ursprünglichen AUSSTATTUNG sind ins Mainfränkische Museum gewandert: das monumentale Gnadenstuhl-Relief aus der Mitte des 14. Jahrhunderts, mit Gottvater, dem Gekreuzigten und dem Hl. Geist (heute durch eine Kopie ersetzt), außerdem ein Kruzifix von RIEMENSCHNEIDER, das früher vermutlich über dem Chorbogen hing. Dennoch weist die Spitalkirche wertvolle Ausstattungsstücke auf, u. a. eine verhalten wirkende Madonna des »weichen Stils« um 1400, dann eine 1730 gestiftete Marienfigur aus der Hand eines Münchner Goldschmiedes. Das Grabmal des Stifters ging 1945 zugrunde, erhalten hat sich hingegen das seines Bruders EKRO VON STEREN († 1343).

Ein Wort zur Architektur

Da die Straßenfront des Bürgerspitals früher an den Graben der Stadtbefestigung grenzte, verwundert es nicht, daß sich der Reiz der Architektur erst im Innenhof erschließt. Der 1718 fertiggestellte dreiflügelige »ROTE BAU« mit den malerischen Arkaden und dem spielerischen Wechsel roten und gelben Sandsteins wurde von Neumanns Lehrmeister MÜLLER entworfen.

Das Haus an der Ecke Theater-/Semmelstraße entstand in den 50er Jahren des 20. Jahrhunderts.

Sein Glockenspiel und das »Männleinlaufen« fasziniert vor allem die Kinder.

Gastlichkeit

Wie das Juliusspital beherbergt auch das Bürgerspital zum Hl. Geist gemütliche GASTRÄUME, die von einheimischen Künstlern ausgeschmückt worden sind. An den kleinen Tischen bleibt man unter sich, an den großen aber kann es passieren, daß man in ein anregendes Gespräch verwickelt wird – und ein paar Schoppen mehr trinkt, als man eigentlich wollte. Den Zechern bleibt jedoch ein Trost: In den Würzburger Spitälern trinkt man stets für einen guten Zweck!

Staatlicher Hofkeller ⑬

Im Zuge der Säkularisation fiel das Hochstift Würzburg an Bayern, die Regentschaft der Fürstbischöfe war 1802 beendet. Zu der von den Wittelsbachern (und später vom Freistaat Bayern) angetretenen Erbschaft zählte auch die Residenz mit ihren mehr als 3.500 Quadratmetern Grundfläche umfassenden Weinkellern. Außerdem kam eine Reihe bester Lagen in und um Würzburg, die zuvor dem Landesherrn, dem Domkapitel, Klöstern und Stiften gehört hatten, in Staatsbesitz.

Berühmtester Kunde war JOHANN WOLFGANG VON GOETHE. Am 25. Dezember 1808, dem Geburtstag seines Sohnes, bestellte er aus der Hofkellerei vier Flaschen Stein-Wein des Spitzenjahrgangs 1783.

Verkosten kann man Frankenwein im GESANDTENBAU am Residenzplatz, beim sommerlichen Weinfest im Hofgarten und – sicherlich am stimmungsvollsten! – bei einer Probe im Kerzenschein zwischen den alten Holzfässern in den tiefen Gewölbekellern der Residenz.

Bacchus-Ecke im Keller der Residenz. Hier reifen die edlen Weine nach alter Tradition in Eichenholzfässern

Weinlese am Schloßberg, dem Sonnenhang zu Füßen der Festung

Der Frankenwein

12 Jahrhunderte Weinbau zwischen Untermain und Steigerwald – Der Bocksbeutel: schon äußerlich ein Kennzeichen für Qualität – Nicht nur Goethe wußte diesen Wein zu schätzen – Von Spitälern, Weingütern, Weinproben, dem »Stachel« und der Schorle

Würzburg und der Wein, das gehört zusammen, seit in Franken Geschichte geschrieben wird. Kaum war im Jahr 788 der Würzburger Dom im Beisein Kaiser Karls d. G. geweiht, erscheint der Weinbau erstmals in einer Urkunde von 799. Überall, wo ein Hang günstig zur Sonne steht, ja selbst auf relativ flachem Gelände, wurden Rebstöcke gepflanzt. Heute beschränkt man sich – dank ertragreicherer Gewächse – auf gut und rationell zu bearbeitende Lagen. Auf etwa 5.000 Hektar Anbaufläche wachsen die Trauben, aus denen der unverwechselbare Frankenwein gekeltert wird.

Frankenwein ist aber nicht gleich Frankenwein! Jede Lage hat ihren eigenen Charakter, der von spezifischen klimatischen Umständen und der Bodenbeschaffenheit abhängt. Während im westlichen Frankenland Buntsandstein und Urgestein, am Steigerwald hingegen der nährstoffreiche Gipskeuper den Boden bestimmen, wächst der Wein am Main und seinen Nebenflüssen auf Muschelkalkboden. Diese Bodenart ist hervorragend geeignet Sonnenwärme zu speichern und an die Reben weiterzugeben.

Drei weitere Faktoren bestimmen nachhaltig den Gehalt eines Weines: JAHRGANG, REBSORTE und QUALITÄTSSTUFE. Der Winzer kann der Natur zwar nachhelfen, etwa durch den Rebschnitt, er ist aber stets den Launen des Wetters unterworfen. Gegen späte Fröste ist er ebenso machtlos wie gegen verregnete Sommer und einen sonnenarmen Herbst. Meint es Petrus aber gut, entwickeln sich exquisite Jahrgänge.

Die REBSORTEN (siehe Kasten S. 74) sind für den Geschmack verantwortlich. Während einer milden Müller-Thurgau bevorzugt, schwört ein anderer auf vollmundigen Silvaner. Über den Riesling, den ungekrönten König der Weißweine (der allerdings höchste Ansprüche an den Standort stellt und ausreichend Sonne braucht!), verbietet sich hingegen jede Diskussion. Von den Neuzüchtungen – Bacchus, Kerner, Scheurebe usw. – hat jede ihre Liebhaber. Diese Kreuzungen und Rückkreuzungen entstanden übrigens aus zwei Überlegungen: einerseits wollte man die Geschmackspalette erweitern, andererseits über Sorten verfügen, die widerstandsfähig und ertragreich sind.

Am Weinwanderweg oberhalb des Maschikuliturms (s. S. 16) sind sämtliche gebräuchlichen Rebsorten zur Demonstration nebeneinandergepflanzt.

Der Bocksbeutel

Der BOCKSBEUTEL, die seit Jahrhunderten für den Frankenwein gebräuchliche flache, bauchige Flasche, die an mittelalterliche Pilgerflaschen erinnert, gilt als Symbol hoher Qualität. Was sich darin befindet, entnimmt man dem ETIKETT: Jahrgang, Lage, Rebsorte, Qualitätsstufe, Produzent und amtliche Prüfnummer. Jeder Qualitätswein aus Franken wird einer offiziellen Prüfung unterzogen, ehe er vermarktet werden darf. Gemäß Herstellungsverfahren, Öchsle- bzw. Alkoholgraden wird ihm ein besonderes Prädikat verliehen. Herausragende Tropfen werden bei der alljährlich stattfindenden Weinprämierung mit zusätzlichen Auszeichnungen – Gold-, Silber- und

Auch bei einem kurzen Aufenthalt in Würzburg sollte man sich eine Weinprobe nicht entgehen lassen

Sorgfältig überwachen die Kellermeister den Reifungsprozeß des Weines in alten Eichenfässern

Gemütliche Weinprobe im Haus des Frankenweins mit Festungsblick

Bronzemedaillen – geehrt (was dann auch bei der Preisgestaltung eine Rolle spielt). Im Kasten – S. 74 – sind die Prädikatsstufen aufgeführt.

Auch Goethe liebte Frankenwein

Der Frankenwein hatte immer seine Freunde und Verehrer, darunter auch berühmte wie den Musiker JOHANN SEBASTIAN BACH oder den Dichterfürsten JOHANN WOLFGANG VON GOETHE. 1808 war ihm der Jahrhundertwein von 1783 gerade gut genug, 1816 bestellte er fast 200 Liter, 1821 900 Liter Frankenwein! Zur Krönung der englischen Königin ELISABETH II. wurde das Beste aus den Kellern des Juliusspitals gereicht. Frankenwein ist von Staatsbanketten und offiziellen Empfängen nicht mehr wegzudenken. Man muß aber weder Dichterfürst noch Staatsmann sein, um sich eines edlen Tropfens zu erfreuen.

Die Weinstuben

Am leichtesten schließt man Freundschaft mit dem Frankenwein in einer typischen Würzburger Weinstube, im Johanniter- oder Maulaffenbäck, im traditionsreichen »Stachel« (seit 1413), wo schon RIEMENSCHNEIDER oder die Anführer des Bauernkrieges

Die wichtigsten Rebsorten des Frankenweins

MÜLLER-THURGAU

eine nach ihrem Züchter benannte Kreuzung aus Riesling und Silvaner. Mild in der Säure, duftig und blumig.

SILVANER

seit 1665 in Franken bezeugt. Kräftiger, körperreicher und vollmundiger Wein.

RIESLING

gilt als die edelste Weißweinsorte. Er besticht durch sein feines Bukett, durch feine Säure, Rasse und Eleganz.

KERNER

eine Kreuzung des roten Trollingers mit dem Riesling, wird wegen seines guten Ertrages gerne angebaut. Geschmacklich kommt er dem Riesling nahe.

SCHEUREBE

ist wie der Müller-Thurgau eine Kreuzung, die spät zur Reife gelangt. Elegant, körperreich und fruchtig-aromatisch.

BACCHUS

der Gott des Weines, beschert seinen Trinkern ein angenehm blumiges Bukett und einen fruchtigen Geschmack.

SPÄTBURGUNDER

führt die Liste der in den vergangenen Jahren vermehrt angebauten Rotweinsorten in Franken an. Er ist körperreich, von feiner Würze und rubinrotem Glanz.

Neben diesen Sorten bieten die fränkischen Winzer u. a. RIESLANER, RULÄNDER, ORTEGA, PERLE, TRAMINER und die Rotweine PORTUGIESER und SCHWARZRIESLING an.

Wein und Kunst: Seit Jahrhunderten schmückt man die Faßböden mit allegorischen Schnitzereien

von 1525 ihren Schoppen (1/4 Liter) tranken. Zur gemütlichen Einkehr laden die Stuben der drei großen Weingüter: Hofkeller im Gesandtenbau am Residenzplatz, Bürgerspital in der Theaterstraße und Juliusspital am Barbarossaplatz/Ecke Juliuspromenade.

Während die großen Güter ihre eigenen Erzeugnisse anbieten, ist der Wirt einer Weinstube stets bedacht, eine charakteristische Auswahl fränkischer Weine zu führen.

Feste

Wer eine charmante fränkische Weinkönigin persönlich erleben will, darf die Eröffnung eines der vier großen Würzburger Weinfeste nicht versäumen. Das Hofschoppenfest des Bürgerspitals findet alljährlich im Juni statt. Das Hofgartenweinfest kurze Zeit später und das Weindorf auf dem Marktplatz leiten über zum großen Winzerfest im Zelt auf dem Platz an der Talavera unter der Friedensbrücke (Ende September/Anfang Oktober).

Folgende Seiten: In Neumanns Gewölbe unter der Residenz ruhen die Fässer des Staatlichen Hofkellers

Weinproben

Der Reiz einer Weinprobe unter fachmännischer Anleitung besteht vor allem im Verkosten der unterschiedlichen Sorten, Qualitäten und Jahrgänge. Besonders festlich ist die Weinprobe des Fränkischen Weinbauverbandes in der Kelterhalle des Mainfränkischen Museums. Romantikern sei eine Probe in den Gewölbekellern der Residenz ans Herz gelegt.

Auskünfte erteilen die Weingüter sowie die Gebietsweinwerbung Frankenwein-Frankenland, Kranenkai 1, 97070 Würzburg.

Fränkischer Sekt

Seit 1834 wird in Würzburg Sekt im klassischen Flaschengärungsverfahren hergestellt. Neben der Kellerei Oppmann haben die großen Güter das spritzige, trocken ausgebaute Getränk im Sortiment.

Toujours l'amour

Wenn im Sommer die Sonne herunterbrennt und der Wein als Durstlöscher zu gefährlich wird,

Fränkische Qualitätsweine mit Prädikat

Auf die Öchslegrade kommt es an – Aus Mostzucker wird Alkohol – Mit dem Zuckergehalt der Traube steigt der Alkoholgehalt des Weines

Öchslegrade sind eine Maßeinheit auf der von dem Pforzheimer Ferdinand Öchsle erfundenen Mostzuckerwaage. Sie zeigt das spezifische Gewicht des noch unvergorenen Mostes an. Kurz gefaßt: die Öchslegrade geben an, um wieviel ein Liter Wein schwerer als ein Liter Wasser ist.

KABINETT:	ein leichter, ausgereifter, meist trockener Wein. Mindestens 10 g Alkohol/Liter = 76° Öchsle.
SPÄTLESE:	reif und füllig. Mindestens 11,4 g Alkohol/l = 85° Öchsle. Die Trauben werden in vollreifem Zustand geerntet.
AUSLESE:	aus voll- und überreifen Trauben, die gesondert gekeltert werden. Nicht unter 100° Öchsle, mindestens 13,8 g Alkohol/l. Intensiv im Geschmack, mit starkem Bukett.
BEERENAUSLESE:	ab 17,7 g Alkohol/l = 125° Öchsle. Bernsteinfarben mit ausgeprägter Fruchtnote.
TROCKENBEEREN-: AUSLESE	gekeltert aus rosinenartig eingeschrumpften Beeren. Entsprechend hoch der Alkoholgehalt – Minimum 21,5 g Alkohol/l = 150° Öchsle. Zugegebenermaßen nicht gerade billig, aber von edler Süße – und über Jahrzehnte hinweg lagerfähig.

Der romantische Hof der traditionsreichen Weinstube »Zum Stachel«

greift man im Frankenland gern zur »Schorle«, einer Mischung aus einem Achtel Liter Wein und einem Achtel Liter Mineralwasser. Der Begriff Schorle soll übrigens vom Trinkspruch eines französischen Generals abgeleitet sein, der 1811 jedes Glas seines Lieblingsgetränkes Champagner mit dem Hoch auf die Liebe – »toujours l'amour!« – quittierte; die Würzburger, nachahmungsfleißig, gossen Sprudel in ihren gelben Wein, der Volksmund murmelt etwas von »Schorle-morle«, weil er es wohl nicht besser verstanden hat, woraus dann das Wort Schorle entstanden sein soll.

Federweißer und Bremser

Während der Zeit der Weinlese wird wie überall in Weingegenden »Federweißer«, fränkisch »Bremser«, ausgeschenkt. Das ist der frisch gärende Traubenmost, von dessen Süße man sich allerdings nicht über den Alkoholgehalt hinwegtäuschen lassen sollte!

Tresterschnaps

Eine Spezialität ist schließlich auch der aromatische Tresterschnaps, ein traditionsreicher Brand, den die Winzer aus den beim Keltern entstandenen Rückständen gewinnen.

Weitere Sehenswürdigkeiten

Kirchen, Domherren- und Adelshöfe – Brunnen und Grünanlagen – Die »Frankenwarte« auf dem Nikolausberg – Die Universität – Ausflugsziele

Natürlich verfügt Würzburg neben den bisher vorgestellten Kunstdenkmälern noch über zahlreiche weitere Sehenswürdigkeiten, die dem Besucher bei seinen Streifzügen durch die Stadt ins Auge fallen. Die wichtigsten werden hier knapp vorgestellt.

Romanische und gotische Kirchen

Das Würzburger Stadtbild wird bis in die Gegenwart hinein von der unverwechselbaren Silhouette der vielen Kirchtürme und Kuppeln bestimmt.

Gotisches Portal der Deutschhauskirche am Schottenanger

Eines der ältesten Gotteshäuser Würzburgs ist St. Burkard ⑯ zu Füßen des Festungsberges. Burkard gründete an dieser Stelle um 750 das Andreas-Kloster, das – bevor der erste Dom gebaut wurde – auch Sitz des Bischofs war. Die Grundsteinlegung der heutigen Kirche fällt in das Jahr 1033. In Gegenwart Kaiser Heinrichs III. sowie anderer europäischer Herrscher und Kleriker wurde sie 1042 geweiht. Etwa 400 Jahre später erweiterte man die romanische Basilika um ein zweischiffiges gotisches Querhaus und einen weiten Chor. Neben der malerischen Vorhalle sind einige Ausstattungsstücke besonders erwähnenswert: Ein frühgotisches Kapitell, das nun als Opferstock dient, ein eindrucksvolles Kreuzigungsrelief aus dem 14. Jahrhundert und Tilman Riemenschneiders farbig gefaßte Madonnenbüste.

Ebenfalls auf der linken Mainseite finden sich Spuren der romanischen Basilika St. Jakob, besser bekannt als Schottenkirche. Von ihr, die heute Don-Bosco-Kirche ⑭ heißt, haben sich allein die Krypta, das Turmpaar und der frühgotische Chor erhalten. Im benachbarten Pfarrhaus wohnte der erste Lehrmeister Balthasar Neumanns, der Gießer Ignaz Kopp.

Nur wenige Schritte vom Schottenanger entfernt erhebt sich die gegen Ende des 13. Jahrhunderts vollendete Deutschhauskirche ⑮. Wie der Name ausweist, diente dieser erste Bau der Frühgotik in Würzburg dem Deutschen Rit-

St. Burkard im Mainviertel. Rechts der romanische Teil, neben den Türmen das Querschiff und der gotische Chor

terorden als Kirche. Im Inneren trifft man auf recht qualitätvolle Bauplastik und auf gute Grabmäler (aus der einstigen Johanniterkommende in der Stadt; weitere Exemplare im Bayerischen Nationalmuseum München).

Der Überlieferung nach befand sich im Umfeld des Schottenklosters im hohen Mittelalter ein Königshof, in dem Kaiser FRIEDRICH BARBAROSSA 1156 Hochzeit mit BEATRIX VON BURGUND feierte – ein Ereignis, das TIEPOLO knapp 600 Jahre später im Kaisersaal der Residenz dargestellt hat.

Äußerlich schlicht, wie es sich für das Gotteshaus eines Bettelordens gehört, bietet sich die FRANZISKANERKIRCHE ⑰ dar. Das Kloster ist die älteste Niederlassung des Ordens in Deutschland, es wurde 1221, noch zu Lebzeiten des hl. FRANZ VON ASSISI gegründet. Auch hier gibt es interessante Epitaphien, u. a. von PETER, dem letzten Ritter von Randersacker.

Eine Synthese von Bauteilen weit auseinanderliegender Epochen zeigt die PETERSKIRCHE ⑱. Es war bestimmt Sparsamkeit, die die Bauherren bewegte, bei der barocken Erweiterung 1717 die romanischen Türme und den gotischen Chor beizubehalten.

KLOSTER HIMMELSPFORTEN ⑳, eine Anlage des 13. Jahrhunderts außerhalb der Altstadt, beherbergt in seinem frühgotischen Kreuzgang eine Reihe von Grabdenkmälern des späten Mittelalters.

Barock und Klassizismus

Mit seiner prachtvollen Doppelturmfassade, hinter der sich eine kühne Kuppelkonstruktion erhebt, zählt STIFT HAUG ㉑ zu den markantesten Bauwerken Würzburgs. Der Italiener ANTONIO PETRINI errichtete dieses erste Beispiel barocker Architektur in Franken zwischen 1670 und 1691.

Stift Haug

Den Hauptaltar schmückt ein monumentales Gemälde des Venezianers JACOPO TINTORETTO von 1583.

Von PETRINI stammt auch die KARMELITEN- oder REURERKIRCHE ㉒ in der Sanderstraße. Hinter der wuchtig wirkenden Barockfassade erstreckt sich ein einfaches tonnengewölbtes Langhaus, das von einem rechteckigen Chorraum abgeschlossen wird.

Die AUGUSTINERKIRCHE ㉓ in der Schönbornstraße befand sich ursprünglich im Besitz der Dominikaner. Den Plan zur 1270 geweihten Anlage soll der Sage nach der hl. ALBERTUS MAGNUS selbst geliefert haben. Heute ist von diesem frühgotischen Bau nur noch der Chor erhalten; der Kirchenraum sowie die schlichte zweigeschossige Fassade stammen von keinem Geringeren als BALTHASAR NEUMANN (ab 1743). Von der prächtigen Rokoko-Einrichtung hat nur wenig die Zeiten überdauert. ANTONIO BOSSI, dessen bekanntestes Werk der »Weiße Saal« der Residenz ist, schuf den zurückhaltend eleganten Stuck, der die gotischen Formen des Chores wirkungsvoll überspielt.

Die frühklassizistische MICHAELSKIRCHE ㉔ am südlichen Eingang

Der Hof der Alten Universität mit Turm der Neubaukirche

Die Neubaukirche dient seit ihrer Wiederherstellung als festlicher Versammlungsraum der Würzburger Universität

des Hofgartens verfügt über eine moderne Ausstattung. ST. STEPHAN ㉕, gleich nebenan, wurde – wie das SPITÄLE ㉖ im Mainviertel – 1789 gebaut.

Zeitgenössischer Kirchenbau

Drei der in jüngerer Zeit errichteten Sakralbauten Würzburgs verdienen besondere Erwähnung: ST. ALFONS ㉘ auf der Sieboldshöhe, mit dem riesigen Chorfresko GEORG MEISTERMANNS (1954), ST. JOHANNIS ㉗, in der Nähe der Residenz, von RIEMERSCHMID, und OLAF A. GULBRANSSONS 1959/61 in der Zellerau gebaute ERLÖSERKIRCHE ㉙.

Neubaukirche und Universität

Nachdem der ersten, 1401 gegründeten Universität eine nur kurze Lebenszeit beschieden war, schuf Fürstbischof JULIUS ECHTER 1582 erneut eine Hochschule. Sichtbares Zeichen der ALTEN UNIVERSITÄT ist die NEUBAUKIRCHE ㉚, die mittlerweile als Fest- und Konzertsaal genutzt wird. Äußerlich noch der Gotik verpflichtet, zeigt ihr Inneres die klaren Formen der Renaissance. Der Turm, mit 79 m der höchste in Würzburg, wurde erst 1696 von PETRINI vollendet.

Mittlerweile ist die JULIUS-MAXIMILIANS-UNIVERSITÄT längst der Enge der Innenstadt entwachsen. 1896 zog man in die NEUE UNIVERSITÄT ㉛, einen prächtigen Bau im Stil der Neurenaissance, am Sanderring um. Die medizinischen und die naturwissenschaftlichen Institute wurden in die Nähe des Juliusspitals verlegt. Hier lehrte RUDOLF VIRCHOW, und hier entdeckte WILHELM CONRAD ROENTGEN 1895 die nach ihm benannten Strahlen, wofür er 1901 mit dem Nobelpreis ausgezeichnet wurde.

Ein Japanforscher aus Würzburg

Zwischen Neuer Universität und Gerichtsgebäude erinnert ein Denkmal an einen anderen großen Würzburger Gelehrten, den Arzt, Naturwissenschaftler und Japanforscher PHILIPP FRANZ VON SIEBOLD (1796 – 1866). Im BOTANISCHEN GARTEN (46) zeigt eine eigene Abteilung, welche Pflanzen er aus Fernost nach Europa mitgebracht hat. Ein Museum (47), das mit japanischer Unterstützung entstand, belegt seine weitgefächerten Interessen im Spiegel seiner Sammlungen.

Domherren- und Adelshöfe

Außer den kirchlichen und universitären Bauten prägten früher besonders die Domherrenhöfe sowie die Häuser des Adels und des wohlhabenden Bürgertums das Stadtbild Würzburgs. Erhalten sind der bis 1609 erbaute HOF CONTI (33) mit dem schmucken Renaissance-Erker (heute Bischöfliches Palais), der MARMELSTEINER HOF (34) (vgl. S. 42) mit der Diözesangalerie »Marmelsteiner Kabinett« von Neumann sowie das GUTTENBERGPALAIS (35) zwischen Schönbornkapelle und Bischofspalais.

Die Häuser Riemenschneiders und Neumanns (36)

TILMAN RIEMENSCHNEIDERS WOHNHAUS in der Franziskanergasse wurde historisierend wiedererrichtet. Gegenüber erinnert nur noch ein schönes Portal und die hoch über das Dach ragende Aussichtskanzel daran, daß hier früher B. NEUMANN zuhause war.

Brunnen

Die BRUNNEN, die einst der Wasserversorgung dienten, sind heute in der warmen Jahreszeit Stätten der Erholung und Erfrischung.

Hervorragende Kunstwerke sind der 1766 errichtete Vierröhrenbrunnen am Rathaus (vgl. S. 50), der Moenus- oder Chronos-Brunnen in der Hofstraße, der Ceres-Brunnen gegenüber der Neubaukirche sowie der Bäcker- und Fischerbrunnen (Semmelstraße bzw. Karmelitenstraße). Besondere Attraktivität für Kinder besitzt der moderne Brunnen am Sternplatz in der Domstraße.

Grünanlagen

Ein Kulturdenkmal besonderer Art ist der sich rund um die Innenstadt ziehende RINGPARK, das »GLACIS«. Er wurde in der zweiten Hälfte des 19. Jahrhunderts vom schwedischen Landschaftsgärtner JENS PERSON LINDAHL anstelle der alten Befestigungsanlagen angepflanzt. Sein schönster Teil, das »KLEIN-NIZZA«, erstreckt sich hinter den mächtigen Bastionen des Hofgartens.

Barocke Häuser in der Neubaustraße

Panoramablick vom Festungsberg über die Altstadt

Maschikuliturm und Käppele

Zur Landesgartenschau 1990 gestaltete man ein großes Gelände am Fuß des Festungsberges neu. Der Spaziergänger trifft hier auf einen duftenden ROSENGARTEN und – als Hinweis auf Würzburgs Partnerstädte Caen, Otsu und Dundee – auf ein NORMANNISCHES HAUS, einen gepflegten JAPANISCHEN und einen urwüchsigen SCHOTTISCHEN GARTEN.

Wer das Treppensteigen nicht scheut, dem sei die FRANKENWARTE, ein 1894 gebauter Aussichtsturm auf dem Nikolausberg empfohlen. Von ihrer Kanzel aus reicht bei klarem Wetter der Blick bis in den Spessart, die Rhön und den Steigerwald. Von hier aus kann man gut zu den Ausflugslokalen »Schützenhof« oder »Nikolaushof« wandern (ca. 20 Minuten). Von den Terrassen beider Lokale genießt man eine herrliche Aussicht auf die Stadt.

Ein weiteres Würzburger Naherholungsgebiet erreicht man von der Frankenwarte aus über einen beschilderten Wanderweg. Durch die wildromantische ANNASCHLUCHT gelangt man ins STEINBACHTAL. Eine Brotzeit und erfrischende Getränke erhält man im »Postkutscherl« oder im »Volksgarten«, wo man sich im Schatten alter Bäume ausruhen kann.

Ausflugsziele

Natürlich bietet auch das Würzburger Umland zahlreiche Sehenswürdigkeiten, vor allem die idyllischen Winzerorte oder SOMMERHAUSEN mit seinem »Torturmtheater«. Arbeiten TILMAN RIEMENSCHNEIDERS, finden sich in der Pfarrkirche von RIMPAR, einem Ort, der von einem mächtigen Renaissanceschloß beherrscht wird. Das letzte Hauptwerk des berühmten Bildhauers, die »Beweinung Christi« (1520/25) wird in der einstigen Klosterkirche von MAIDBRONN aufbewahrt. Für das 1128 gegründete Kloster OBERZELL war NEUMANN tätig. Er entwarf die Pläne für den repräsentativen Abtsbau. Etwas weiter von Würzburg entfernt liegt der kleine Ort HOLZKIRCHEN, für dessen einstiges Kloster der Barockbaumeister eine interessante Rundkirche schuf.

Balthasar Neumann entwarf das repräsentative Treppenhaus des Klosters Oberzell

Sommerresidenz Veitshöchheim

BALTHASAR NEUMANN ist die Erweiterung des Sommerschlößchens in VEITSHÖCHHEIM zu verdanken. Der herrliche, mit den phantasievollen Figuren der Bildhauer JOHANN WOLFGANG VAN DER AUVERA, FERDINAND TIETZ und JOHANN PETER WAGNER geschmückte Hofgarten ist zweifellos der stärkste Publikumsmagnet im Umfeld Würzburgs. Neben den Rokokoplastiken bietet der Park einen chinesischen Pavillon, ein Freilichttheater, einen Irrgarten und antikisierende Ruinen. Phantastischer Höhepunkt aber ist das GROTTENHAUS, dessen Wände ebenso über und über mit Schneckenhäusern und Muscheln übersät sind wie die Tierfiguren, die sich im Inneren befinden.

Das 1128 gegründete Kloster Oberzell war im 19. Jahrhundert Sitz der bekannten Druckmaschinenfabrik Koenig & Bauer

Museen und Galerien

Mainfränkisches Museum

Festung Marienberg,
Tel. 09 31/4 30 16

Neben der einzigartigen Sammlung von Werken Tilman Riemenschneiders bietet das Museum einen repräsentativen Querschnitt durch mehr als zwei Jahrtausende Kunst- und Kulturgeschichte Mainfrankens. Einzelne Abteilungen sind der Vorgeschichte, dem Kunstgewerbe, der Malerei und Plastik, der Volkskunde (mit Trachtensammlung) sowie der fränkischen Weinkultur (in der Kelterhalle) gewidmet.

Täglich, außer Montag,
April – Okt.: 10.00 – 17.00 Uhr,
Nov. – März: 10.00 – 16.00 Uhr

Fürstenbaumuseum

Festung Marienberg,
Tel. 09 31/4 38 38

Das erste Obergeschoß des Fürstenbaumuseums gewährt Einblick in die Wohnkultur der Fürstbischöfe vor dem Umzug in die Residenz. In weiteren Räumen werden Goldschmiedearbeiten und prachtvolle Meßgewänder aus den Paramentenkammern der Festungs-, der Hofkirche und des Domes gezeigt.

Im zweiten Obergeschoß befindet sich die STADTGESCHICHTLICHE ABTEILUNG des Mainfränkischen Museums.

Täglich, außer Montag,
April – Okt.: 10.00 – 17.00 Uhr,
Kassenschluß: 16.30 Uhr,
Nov. – März: 10.00 – 16.00 Uhr,
Kassenschluß: 15.30 Uhr

Städtische Galerie

Hofstraße 3, Tel. 09 31/3 22 25-0

Während das Erdgeschoß wechselnden Ausstellungen vorbehalten ist, bieten die beiden Obergeschosse Malerei und Plastik des 19. und 20. Jahrhunderts. Neben Bildern aus dem Leibl-Kreis verdienen frühe Gemälde von Liebermann, Corinth und Slevogt besondere Aufmerksamkeit. Außerdem verwahrt das Haus den Nachlaß von EMY ROEDER, einer der bedeutendsten deutschen Bildhauerinnen des 20. Jahrhunderts.

Di. – Fr. 10.00 – 17.00 Uhr,
Sa., So., Fei. 10.00 – 13.00 Uhr

Bayerische Staatsgemäldesammlung in der Residenz

Zugang durch die Schauräume,
Tel. 09 31/3 55 17-12

Im Zusammenhang mit den Fresken Tiepolos werden venezianische Gemälde des 17. und 18. Jahrhunderts präsentiert.

Täglich, außer Montag,
April – Okt.: 9.00 – 17.00 Uhr,
Nov. – März: 10.00 – 16.30 Uhr

Martin-von-Wagner-Museum

Residenz (Südflügel),
Tel. 09 31/31 22 88

Deutschlands größtes Universitäts-

museum, das nach dem Kunstberater und Freund König Ludwigs I. von Bayern benannt ist, präsentiert in seiner GEMÄLDEGALERIE etwa 300 deutsche, niederländische und italienische Bilder des 14. bis 19. Jahrhunderts, außerdem plastische Werke, u. a. von Riemenschneider.

Die ANTIKENABTEILUNG sammelt hervorragende griechische Vasen, Plastiken, Gläser und altägyptische Funde.

Die GRAPHISCHE SAMMLUNG umfaßt ca. 25.000 Zeichnungen und Drukke, u. a. von Tiepolo.

Gemäldegalerie:
Di. - Sa. 9.30 – 12.30 Uhr
14-tägig So. 9.30 – 12.30 Uhr im Wechsel mit
Antikensammlung:
Di. - Sa. 14.00 – 17.00 Uhr
Graphische Sammlung:
Di., Do. 16.00 – 18.00 Uhr

Marmelsteiner Kabinett

Plattnerstraße,
Tel. 09 31/38 62 61

In den Räumen des von Balthasar Neumann erbauten Marmelsteiner Hofes stellt die Diözese Würzburg im Wechsel Werke zeitgenössischer Kunst und Zeugnisse ihrer Kulturgeschichte aus.

Montag geschlossen
Di. - Fr. 14.00 – 17.00 Uhr,
Sa., So. 10.00 – 12.00 und 14.00 – 17.00 Uhr

Spitäle

An der Alten Mainbrücke,
Tel. 09 31/4 41 19

Galerie der Vereinigung Kunstschaffender Unterfrankens. Wechselausstellungen präsentieren Werke fränkischer und auswärtiger Künstler.

Öffnungszeiten:
Di. bis Fr. 10 – 13 und 14 – 17 Uhr,
Samstag, Sonntag 10 – 13 Uhr.

Otto-Richter-Kunsthalle

Hofstraße 11, Tel. 09 31/5 15 52

Ausstellungsraum des Berufsverbandes Bildender Künstler und der Freunde Mainfränkischer Kunst und Geschichte.

Montag geschlossen
Di. - Fr. 10.00 – 13.00 Uhr und 14.00 – 17.00 Uhr,
Sa., So. 9.00 – 12.00 Uhr

Röntgen-Gedächtnisstätte

Röntgenring 8,
Tel. 09 31/3 51 11 02

Mo. - Do. 8.00 – 16.00 Uhr,
Fr. 8.00 – 15.00 Uhr
jeden 1. Sa. 10.00 Uhr Führung

Historischer Zunftsaal der Fischerzunft

Saalgasse 6, Tel. 09 31/4 23 38

Objekte zur Zunft-, Fischerei- und Stadtgeschichte, Fischereigeräte, Zunftaltertümer.

Mai mit Oktober 1. + 3. So.
von 10 – 12 Uhr
Führungen nach Voranmeldung

Siebold-Museum

Frankfurter Straße 87
Tel. 09 31/41 35 41

Mit deutsch-japanischer Begegnungsstätte im Palais Siebold. Das Museum würdigt die großen Verdienste und Forschungen des 1. europäischen Japanforschers.

Di. - Fr. 15.00 – 17.00 Uhr,
Sa. u. So. 10.00 – 12.00 Uhr/ 15.00 – 17.00 Uhr

Wohin zum Weinkauf?

Tips für alte und neue Freunde des Frankenweins – Wo man am besten Bocksbeutel und Schoppenweine einkaufen kann

Wichtig beim Weinkauf ist fachliche Beratung. Verlassen Sie sich nicht allein auf das Etikett, sondern probieren Sie, welcher Tropfen Ihnen am meisten zusagt.

Einen weit gefächerten Überblick über die Produkte aller fränkischen Anbaugebiete gibt das **Haus des Frankenweins** am Alten Kranen (vgl. S. 66).

Öffnungszeiten:
März - Oktober:
Mo. - Fr. 10 – 18, Sa. 10 – 16 Uhr,
November - Februar:
Mo. - Fr. 10 – 17, Sa. 10 – 13 Uhr,
Sonn- u. Feiertag 11 – 16 Uhr;
Parkmöglichkeiten: Tiefgarage

Deutschlands größtes Weingut, der **Staatliche Hofkeller**, ist im Rosenbach-Palais am Residenzplatz zu Hause (vgl. S. 38).

Öffnungszeiten:
Mo. – Fr. 9.00 – 17.30 Uhr,
Sa. 9.00 – 12.00 Uhr;
Parkmöglichkeiten: Hofeinfahrt im Rosenbach-Palais.

Die Probierstube des **Bürgerspitals** (vgl. S. 69) liegt an der Ecke Theaterstraße/Semmelstraße.

Geöffnet ist Montag bis Freitag
von 9 bis 18 Uhr und
Samstag von 9 bis 15 Uhr;
Lademöglichkeit im Hof.

Das Weingut des **Juliusspitals** gibt größere Mengen in der Klinikstraße 5 (mit Zufahrtsmöglichkeit) ab, für den Einzelverkauf steht das »Weineck Julius Echter« in der Koellikerstraße 1/2 – (Juliuspromenade Richtung Alter Kranen, erste Querstraße rechts, Ecke Bachgasse) zur Verfügung.

Das Weineck ist wochentags
von 9 bis 18 Uhr, Samstag
von 9 bis 13 Uhr geöffnet;
Geschäftszeit in der Klinikstraße:
Montag mit Donnerstag 8 bis 12
und 12.30 bis 16.15 Uhr,
Freitag von 8 bis 12 Uhr.

Fränkische Spezialitäten

Was es mit »Blauen Zipfeln«, »Gelegtem«, »Blooz« und »Gerupftem« auf sich hat – In Franken schätzt man das Deftige – Die Würzburger Bratwurst

Wie jeder deutsche Landstrich hat auch Franken seine eigenen kulinarischen Spezialitäten. Je volkstümlicher sie sind, desto unverständlicher werden allerdings die Bezeichnungen für den Auswärtigen.

Hier ganz kurz die wichtigsten Spezialitäten, denen man auf Würzburger Speisekarten begegnen kann: »Schnickerli« oder »Kuttelfleck«, ein herzhaftes Gericht aus Kalbs- oder Rindermagen, sind nur noch selten zu finden. Ein Renner hingegen sind Schweine- und Sauerbraten mit Klößen sowie die »Blauen Zipfel«, Bratwürste, die nicht in die Pfanne wandern, sondern in einem Wurzelsud heißgemacht werden. Ganz ähnlich werden die »Züngli« (vom Schwein) zubereitet. Kurzum: man schätzt das Deftige, die Hausmacherkost. Zur Brotzeit gibt es in dicke Scheiben geschnittenen weißen und roten »Gelegten« oder »Schwartemagen«, grobe Wurstmasse, die in Schweinemägen gefüllt wurde. »Knäudeli«, das sind Blutwürste, ißt man kalt oder – aus der Schlachtschüssel – heiß mit Bauchfleisch und frischen Leberwürsten.

Eine Besonderheit stellt die »Würzburger Bratwurst« dar, bei der – wie könnte es anders sein – Frankenwein mit verarbeitet wird.

Natürlich paßt der Frankenwein auch hervorragend zum Fisch, sei es Mainaal, Hecht, Zander, Schleie, Karpfen oder die beliebten »Meefischli«, das sind gebackene, gerade fingergroße Weißfische, die komplett verdrückt werden.

Ein absolutes Muß für jeden Gourmet ist der fränkische Spargel, der in zahlreichen Variationen zwischen Mai und Juni auf der Speisekarte steht.

Zum Wein empfiehlt sich, eine Scheibe Bauernbrot zu essen. Das steigert die Bekömmlichkeit und neutralisiert den Gaumen, wenn man unterschiedliche Weinsorten verkosten will. In den Spitälern wird darüber hinaus der »Blooz«, ein etwa tellergroßes, dünnes Salzgebäck angeboten. Gut zum Wein paßt schließlich der »Gerupfte«, ein mit Zwiebeln, Eigelb und Paprikapulver angemachter Camembert.

Guten Appetit!

Weitere Informationen

Führungen – Stadtrundfahrten

STADTFÜHRUNGEN veranstaltet die Congress- u. Tourismus-Zentrale von Ende April bis Okt. (Montag bis Sonntag, Treffpunkt: Falkenhaus am Oberen Markt, 10.30 Uhr). DM 9,00; Schüler/Stud. DM 7,00.

STADTRUNDFAHRTEN mit dem Bus finden ebenfalls von April bis Ende Oktober statt (Abfahrt an Werktagen 14.00 Uhr, an Sonn- und Feiertagen 10.30 Uhr am Busbahnhof, neben dem Hauptbahnhof). Information und Platzreservierung: Tel. 09 31/37-24 36.

Führungen durch die RESIDENZ finden fortlaufend statt. Der Preis ist im Eintritt inbegriffen. Öffnungszeiten: April - Okt., tägl., außer Mo., 9.00–17.00 Uhr, Kassenschluß: 16.30 Uhr; Nov. - März, tägl., außer Mo., 10.00–16.30 Uhr, Kassenschluß: 16.00 Uhr.

DOMFÜHRUNGEN von etwa einer Stunde finden werktags um 12 Uhr, an Sonn- und Feiertagen um 12.30 Uhr statt. Treffpunkt: Menoraleuchter am Westportal.

Eine etwa 1 1/2-stündige Besichtigung des RATHAUSES wird Samstag um 10 Uhr angeboten (Mai bis Ende Oktober). Treffpunkt: Rathauseingang in der Rückermainstraße. Die Teilnahme ist kostenlos.

GRUPPENFÜHRUNGEN und AUSFLUGSFAHRTEN: Informationen und Buchungen über Congress- u. Tourismus-Zentrale, 97070 Würzburg, Tel. 09 31/37-26 50.

Mozartfest und Bachtage

Alljährlich, im Sommer und im Herbst, kann Würzburg mit zwei international bedeutenden Musikveranstaltungen aufwarten. Das MOZARTFEST findet traditionell in der zweiten Juniwoche statt. Während für die Konzerte im Kaisersaal der Residenz nur ein eingeschränktes Kartenkontingent zur Verfügung steht, bietet die Aufführung der »KLEINEN NACHTMUSIK« im Hofgarten jedem Klassikfreund die Möglichkeit, den Klängen Mozarts unter freiem Himmel zu lauschen.

Kartenbestellungen beim MOZART-FESTBÜRO, Haus zum Falken, 97070 Würzburg.

Die Aufführungen der WÜRZBURGER BACHTAGE finden bis Ende November in der Kirche St. Johannis statt. Karten beim WÜRZBURGER KARTENVORVERKAUF.

Barockfeste Würzburg

Jedes Jahr Ende Mai ist die Residenz Schauplatz der musikalisch-kulinarischen Barockfeste: Internationale Orchester mit prächtiger Barockmusik, dazu im Abendprogramm ein Frühlingsmenü und erlesene Frankenweine. Anmeldungen über den FRÄNKISCHEN WEINBAUVERBAND, Haus des Frankenweins, 97070 Würzburg.

Eintrittskarten zu vielen kulturellen Veranstaltungen bietet der WÜRZBURGER KARTENVORVERKAUF in der CC-Passage, Eichhornstraße 21 an (Tel. 5 55 54).

Theater – Kleinkunstbühnen

Das STADTTHEATER (Theaterstr. 21, Tel. 39 08-0) bietet die drei Sparten Oper, Operette und Schauspiel.

In der privaten WERKSTATTBÜHNE hinter dem Stadttheater (Rüdigerstr. 4, Tel. 5 94 00) finden Aufführungen zeitgenössischer Stücke, Lesungen und Chansonabende statt.

Ebenfalls privat geführt wird das Theater CHAMBINSKY (Valentin-Becker-Straße 2, Tel. 5 12 62), in dem man sich vornehmlich der leichteren Muse verschrieben hat.

Großen und Kleinen gleichermaßen etwas zu bieten hat das PUPPENTHEATER SPIELBERG (Reiserstr. 7, Stadtteil Grombühl, Tel. 2 66 45).

Das TORTURM-THEATER in Sommerhausen nimmt Kartenbestellungen unter der Telefonnummer 0 93 33/2 68 entgegen.

Ebenfalls in Sommerhausen befindet sich das BOCKSHORNTHEATER (Tel. 0 93 33/14 77).

Für GASTSPIELE steht die Bühne des CONGRESS CENTRUMS (Pleichertorstr. 5) zur Verfügung. In der CARL-DIEM-HALLE trifft sich das jüngere Publikum bei ROCK-KONZERTEN.

Eine Institution ist mittlerweile der OMNIBUS (Theaterstraße 10, Tel. 5 61 21), Würzburgs JAZZ- UND FOLK-KELLER, wo ständig Live-Konzerte geboten werden.

Touristinformation Zimmervermittlung

TOURISTINFORMATION, Haus zum Falken am Markt, Tel. 37-23 98.

Hotelzimmervermittlung im voraus: CONGRESS- U. TOURISMUS-ZENTRALE, Am Congress-Centrum, Tel. 37-23 71.

Hotelzimmervermittlung am Tage der Ankunft: TOURISTINFORMATION, Pavillon am Hauptbahnhof, Tel. 37-23 36.

Hotelzimmer-Frei-Ansage

Hotelinformation über freie Zimmer in Würzburg und Umgebung, Tel. 1 94 14 (Tag und Nacht).

Jugendgästehaus Würzburg

Burkarderstraße 44, Tel. 4 25 90. In 62 Zimmern, davon 15 speziell für Familien, stehen 254 Betten zur Verfügung. Übernachtungen nur mit gültigem DJH-Ausweis.

Campingplatz »Kalte Quelle«

Winterhäuser Str. 160 (vom Stadtteil Heidingsfeld in Richtung Ochsenfurt), Tel. 6 55 98.

Freizeit – Sport – Schwimmen

Wer Erholung von den Strapazen der Stadt- und Museumsbesichtigungen sucht, dem bietet Würzburg viele Möglichkeiten. Ruhe und Entspannung findet man in den öffentlichen Grünanlagen: im RINGPARK – besonders beliebt ist »KLEIN-NIZZA« hinter dem Hofgarten –, auf dem Gelände der LANDESGARTENSCHAU und auf den Hügeln rund um die Stadt. Einen Abstecher wert ist der Rokokogarten in Veitshöchheim.

Mini-Golf gibt es unter der Löwenbrücke und bei der Carl-Diem-Halle, ein **Tennis-Center** am Waldkugelweg 32.

Schwimmen kann man im FREIBAD DALLENBERG, König-Heinrich-Straße, HALLENBAD SANDERAU mit Mediterraneum, Virchowstraße 1, ERLEBNISBAD NAUTILAND, Luitpoldstraße und HALLENBAD LINDLEINSMÜHLE, Schwabenstraße 12.

Geldwechsel ist in allen Banken und Sparkassen möglich, Samstag von 6 – 20 Uhr und Sonntag von 9 – 20 Uhr auch bei der Postfiliale Würzburg 1, Bahnhofplatz 2.

EC-Geldautomaten sind im gesamten Stadtgebiet zu finden.

Post

POSTFILIALE 1, Bahnhofplatz 2, Tel. 35 25-0; Mo.-Fr. 6–19, Sa. 8–13 Uhr, POSTFILIALE 11, Paradepl. 4, Tel. 32 29-53; Mo. - Fr. 7 – 18, Sa. 7 – 12 Uhr.

Register

Sehenswürdigkeiten

Namensverzeichnis

***Impressum**: 4. Auflage 1999*

***Idee und Konzeption**: Klaus Schinagl, Veitshöchheim*
***Fotos**: Elmar Hahn, Veitshöchheim*
***Texte**: Dr. Josef Kern, Würzburg*
***Gestaltung**: Design by Schinagl, Veitshöchheim*
***Lithographie**: Elmar Hahn Studios, Klaus Schinagl und digiline GmbH Medienservice*
***Druck und Verarbeitung**: KARO-Druck oHG, Frangart*

ISBN 3-928645-02-1